HANDEBOL
& HÓQUEI

© SESI-SP EDITORA, 2013

Serviço Social da Indústria (São Paulo).
Futebol / Serviço Social da Indústria (São Paulo).
– São Paulo : Sesi-SP Editora, 2012.

ISBN 978-85-8205-047-7

Handebol & Hóquei	CDD – 796

SESI-SP editora

HANDEBOL
& HÓQUEI

SESI-SP editora

CONSELHO EDITORIAL
PAULO SKAF (PRESIDENTE)
WALTER VICIONI GONÇALVES
DÉBORA CYPRIANO BOTELHO
NEUSA MARIANI

 Atleta do Futuro

COMISSÃO EDITORIAL
ALEXANDRE RIBEIRO MEYER PFLUG
ANDRE LUIS VIGNERON
CINTIA DA SILVA FERREIRA
ROBERTA SALLES MENDES

EDITOR
RODRIGO DE FARIA E SILVA

EDITORA ASSISTENTE
JULIANA FARIAS

PRODUÇÃO GRÁFICA
PAULA LORETO

REVISÃO TÉCNICA
MARGARIDA MOREIRA BERTELLI (HANDEBOL)
JULIO FAGUNDES NEVES (HÓQUEI)

SESI-SP EDITORA
Av. Paulista, 1313, 4º andar, CEP 01311-923, São Paulo, SP
Tel. (11) 3146-7308, email: editora@sesisenaisp.org.br

HANDEBOL

O VALOR DA FORMAÇÃO DE BASE	6
MAIK SANTOS	8
COM A BOLA NAS MÃOS, TUDO PODE	10
RAIO X E REGRAS	24
RITMO DE FUTEBOL, SOLIDARIEDADE DE BASQUETE	27
GALERIA	40
MEDALHAS OLÍMPICAS	59
BRASIL	62
DA ESCOLA PARA AS QUADRAS	64
GALERIA BRASIL	74

HÓQUEI

CLÁUDIO ROCHA	92
UM JOGO SECULAR, COM PARENTES DE LUXO	94
GALERIA	102
RAIO X E REGRAS	118
MEDALHAS	126
ALMANAQUE	129
BIBLIOGRAFIA E REFERÊNCIAS	133

Goleada O holandês Hans Horselenberg tenta evitar o arremate do alemão Bernd Muhleisen em partida do Mundial de Handebol de 1961, disputado em Berlim. Placar: 33 a 7 para a Alemanha

O VALOR DA FORMAÇÃO DE BASE

Poucas modalidades esportivas justificaram com tanta precisão suas origens técnicas quanto o handebol. Jogo nascido das brincadeiras antigas de bola lançada com as mãos, atingiu, depois de regulamentado já no século XX, uma imensa camada de jovens, invadiu as escolas e cresceu na base antes de revelar grandes nomes do esporte internacional. Floresceu nos países do norte da Europa, ganhou espaço entre os latinos, França e Espanha, atravessou o Atlântico rumo à América do Sul e chegou à Austrália e ao Oriente.

É verdade que a expansão do handebol alimenta um mistério: por que em certos países de língua inglesa, incluindo os Estados Unidos, a modalidade não avançou? As explicações apontam para fatores como as barreiras culturais e a concorrência de esportes locais no âmbito escolar. Mas o fato é que o handebol não é uma obra acabada – segue crescendo e tem um longo caminho a percorrer. Continua angariando adeptos e conquistando espaços na mídia como esporte dinâmico, tenso, vibrante, de constante contato físico e sofisticada estratégia de jogo que facilita alternâncias durante uma partida.

Para o ambiente esportivo colegial do Brasil, foi uma bênção. Gerações de brasileiros têm começado a praticar o handebol a partir das aulas de Educação Física desde a década de 1960. A disparidade entre o número de praticantes informais e a quantidade de jogadores federados é uma barreira que pode ser vencida com o tempo, seja revelando atletas de alto rendimento, como vem acontecendo nos últimos anos em especial com a Seleção Brasileira feminina, seja reforçando a aposta na política de formação de jovens. Em um país onde mais de 250 mil pessoas praticam handebol e de onde partem jogadores para os centros mais importantes do mundo, o pódio só pode ser questão de tempo.

Bem menos popular e praticamente engatinhando no Brasil, o hóquei sobre a grama tem, porém, outros atributos. Modalidade que exige excepcionais dotes técnicos tanto individuais quanto coletivos e que contém elementos do futebol e do handebol, principalmente no que diz respeito à estratégia de jogo, tem se mostrado um esporte atrativo do ponto de vista estético e bastante competitivo, a ponto de conquistar mais adeptos a cada Olimpíada e a cada Campeonato Mundial ou edição do concorrido Champions Trophy. É, definitivamente, uma das novas modalidades com ótimas perspectivas.

UMA JANELA PARA O FUTURO
MAIK SANTOS

"Enxerguei o meu futuro através do handebol. Foi o que me fez conseguir as coisas, ver que é possível conquistar tudo com dedicação e com disciplina. O handebol me ensinou a respeitar as pessoas, a conhecer meus limites e a estar concentrado nos meus objetivos. São essas ideias que servem como propostas para os jovens que pretendem seguir uma carreira. O esporte cria oportunidades, satisfaz objetivos, evita riscos. Além disso, mantém as pessoas longe dos problemas, como as drogas. Ensina a cuidar do corpo, melhorar o rendimento e evitar lesões.

Minha experiência pessoal foi positiva. Comecei na modalidade aos 12 anos, nos jogos escolares, e, mais tarde, fui para a Metodista/São Bernardo, inspirado por meu irmão, Marcão. Pelo handebol consegui uma bolsa de estudos em uma escola particular e tive acesso a muito mais coisas, desde comer melhor até aprender a conviver com novos grupos. Tive um grande estímulo quando comecei a ganhar 50 reais como ajuda de custo. Foi o meu primeiro salário. O treinador Alberto Rigolo me disse, na época, que se eu continuasse me dedicando aos estudos e aos treinamentos receberia um aumento de 50 reais a cada seis meses. A partir dali percebi que poderia viver do handebol. Consegui 100% de bolsa de estudos para a faculdade de Educação Física. Cheguei à Seleção Brasileira, disputei campeonatos mundiais, jogos Pan-Americanos e Olimpíadas. Foi a prova de que sempre estive no caminho certo, que fiz a melhor escolha, perseguindo meus sonhos e traçando metas.

Como todo atleta, eu sonhava em jogar fora do Brasil. Minha primeira oportunidade veio em 2005, quando fui para a Espanha, jogar em Valência na primeira divisão. Porém, fiquei somente quatro meses devido ao não cumprimento do contrato. Em contrapartida, conheci outra cultura e aprendi outra língua. Em 2008 retornei, mas em um time da segunda divisão. Novamente fiquei por quatro meses e fui para o Mundial defender a Seleção Brasileira e, quando retornei, não pude retomar meu trabalho por causa da crise financeira. Não posso falar que não tentei, mas a experiência valeu a pena.

Depois do estágio profissional que atingi, eu daria aos dirigentes brasileiros a sugestão de integrar as federações estaduais, com o intuito de facilitar a organização de campeonatos e dar melhor estrutura para os atletas. Muitos jogadores surgem e se formam todos os anos, mas quando chegam às categorias principais não têm espaço para jogar, por não encontrarem novos times em razão da falta de infra-estrutura. Sem clube, eles acabam desistindo do esporte. São esses novos espaços que fazem falta no handebol. Mas os jogadores também precisam estar conscientes de que é preciso continuar acreditando, não vale a pena desistir. É preciso seguir lutando pela valorização dos atletas e do próprio handebol brasileiro."

MAIK SANTOS, *paulista nascido em 1980, é goleiro da Seleção Brasileira. Campeão pan-americano em 2003, foi eleito o melhor da posição no Mundial em 2001, disputou seis campeonatos mundiais e a Olimpíada de Pequim/2008.*

É ouro A Alemanha conquista o ouro ao bater a Áustria por 10 a 6 na final olímpica de Berlim/1936

COM A BOLA NAS MÃOS, TUDO PODE

Lançar e receber um objeto esférico com as mãos, seja de que tamanho for, tornou-se para o ser humano um ato tão rotineiro quanto correr, saltar, caminhar. Como brincadeira ou passatempo, é uma singela forma de lazer, primitiva e elementar. Seria, portanto, um atrevimento do ponto de vista histórico-acadêmico dizer com precisão onde, como e por quem foi criado o esporte que transformou essa prosaica forma de lazer em coisa séria. O handebol surgiu das essências da movimentação corporal. É tão jovem como prática desportiva regulamentada quanto secular em sua proposta de entretenimento. O valor de seus supostos criadores foi definir alguns poucos parâmetros competitivos – o número de participantes de lado a lado, o objetivo do jogo, a pontuação, o comportamento, o espaço, a forma de arbitragem. Com o primeiro empurrãozinho, o resto ficou ainda mais divertido. Um desses criadores certamente foi o atleta dinamarquês Holger Louis Nielsen, que competiu no tiro e na esgrima dos Jogos Olímpicos de Atenas/1896, ganhando uma medalha de prata e outra de bronze, e que dois anos depois escreveu e publicou as primeiras regras de um jogo bem semelhante ao atual handebol. No mesmo período, dois professores de ginástica tchecos, Josef Klenker e Vlaclav Karas, formataram uma prática esportiva denominada *ceska-hatzena*, que nada mais era do que uma variante de futebol jogada com as mãos em um espaço pouco menor que um campo oficial. Na Alemanha, até mesmo ao introdutor do futebol no país no século XIX, Konrad Koch, foi creditada a invenção de um "tio" do handebol, o *korbball*, que antes era também chamado de *raffball*. Já no século XX, durante e após a Primeira Grande Guerra, surgiram algumas proposições de regulamentação na Alemanha, primeiro do professor Max Heiser e em seguida daquele que ainda é visto como o pai sanguíneo do handebol, Karl Schelens, da escola superior de Educação Física de Berlim, que teria padronizado as regras com a ajuda do próprio Heiser e unificado os nomes dados ao jogo sob a "grife" handebol – em alemão *handball*.

Até pouco antes da Segunda Guerra foram suprimidos todos os outros nomes de batismo – *hatzena, korbball, raffball* – e adotada enfim a denominação *handball*, que por sinal leva a mesma grafia em alemão e em inglês, o que facilitaria sua expansão.

Acontece que, na mesma época – limiar da década de 1920 – , mas em outro

12 COM A BOLA NAS MÃOS, TUDO PODE

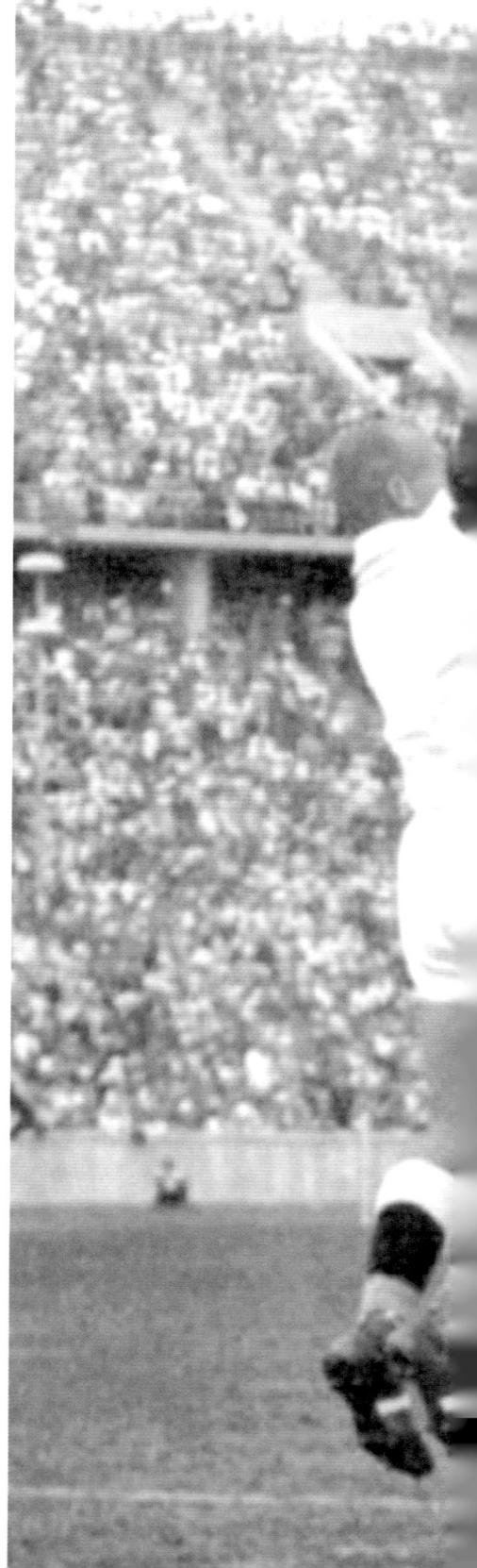

hemisfério, a alguns milhares de quilômetros de distância, entrava em cena o "balón uruguayo", um esporte criado por um professor naturalista, Antonio Valeta, como uma reação de quem considerava o futebol um esporte com excesso de contato, um tanto violento para certos gostos. A proposta de Valeta era fazer florescer uma prática esportiva jogada com as mãos e, de início, sem contato físico. Em pouco tempo, já havia no Uruguai um campeonato nacional de *balón*, sem que as formas e regras desenvolvidas na Europa fossem sequer cogitadas. É certo que a regulamentação universal que começaria a ser estruturada com a fundação, por 11 países, da Federação Internacional de Handebol Amador (IAHF), em 1928, esvaziaria em pouco tempo os princípios um tanto distintos do *balón* como esporte constituído. Mas o fato de uma prática semelhante nascer muito longe do berço oficial do handebol só comprova que a modalidade nunca teve um criador único e encontra antepassados nas mesmas fontes que abasteceram futebol, rúgbi, tênis, vôlei e basquete. Há sinais de todos esses esportes, bem como do handebol, na Grécia e na China antigas, entre os egípcios e os incas, no harpastum do Império Romano e no *jeu de paume* da França medieval.

A variedade de origens e influências talvez explique a forte atração estética provocada por essa modalidade, que possui uma essência própria do futebol, a dinâmica e a fúria do basquete, alguns elementos corporais da ginástica e movimentos com técnica bem semelhante à do vôlei e mesmo do tênis, todos com uma ampla diversidade de exigências físicas e mentais. Em princípio, com a bola nas mãos, tudo pode. Pluralidade, simbiose e polivalência são as marcas registradas da concepção esportiva do handebol, segredos de seu sucesso.

DIFÍCIL RECONHECIMENTO

A facilidade com que o jogo pegou entre estudantes e jovens em geral teve, porém, um contraponto na complicada unificação da forma de disputa, mais até do que das regras, que eram bastante simples. O handebol era praticado ao ar livre, normalmente nos campos de futebol já estabelecidos, mas havia versões indoor, com menos atletas de cada lado. Jogar em espaços fechados poderia ser uma saída contra a concorrência do futebol e, em algumas cidades europeias, representava também uma solução para o problema crescente da redução de espaços públicos, além de uma proteção natural nos meses de inverno. Quando a recém-fundada IAHF foi convocada a discutir com o Comitê Olímpico Internacional (COI) a inclusão do handebol nas Olimpíadas, a prática ao ar livre, com 11 jogadores de cada lado, era a mais popular e foi a utilizada como modalidade experimental nos Jogos de Berlim/1936, embora tivesse distribuído medalhas – a vitória previsível foi da Alemanha, sendo que a Áustria ficou com a medalha de prata.

O modelo 11 contra 11 em estádios abertos prevaleceu durante as décadas se-

Eles Após 36 anos de ausência, Munique/1972 marca a volta do handebol masculino aos Jogos Olímpicos e coroa a Iugoslávia com o primeiro ouro

Elas O handebol feminino entrou no programa olímpico em Montreal/1976

guintes na versão institucional da modalidade, tanto que foi utilizado no primeiro Campeonato Mundial vencido também pela Alemanha, em 1938, com participação de dez países. Havia ainda um desencontro sobre as disputas indoor e ao ar livre e a interrupção provocada pela Segunda Guerra nas disputas esportivas colaborou para a dispersão entre entidades, clubes e praticantes do handebol. Em 1946, Dinamarca, Alemanha, França, Países Baixos, Finlândia, Noruega, Polônia, Suécia e Suíça retomaram as rédeas da modalidade e fundaram a Federação Internacional de Handebol (IHF), já em sua versão definitiva, com gestão profissional. Sob a nova direção, oficialmente, o primeiro Mundial masculino da modalidade foi realizado em 1954, com vitória da Suécia. Três anos depois veio a primeira competição feminina, disputada na Iugoslávia, com vitória da Tchecoslováquia. O predomínio dos países da Europa central e do norte já era gritante desde então. Alguns novos bem-sucedidos surgiram nas proximidades, como a União Soviética, a Romênia e, bem mais tarde, a França e a Espanha.

Nem mesmo a popularidade crescente do handebol em outros continentes conseguiu afetar a esmagadora vantagem técnica adquirida pelos europeus, refletida nos quadros das nações vitoriosas tanto em campeonatos mundiais quanto em Jogos Olímpicos.

A convivência entre o handebol de 11 e o handebol de 7 durou mais três décadas, mas este último foi gradativamente superando o modelo original, em especial por sua dinâmica de jogo, bem mais atraente e competitiva. Quando o handebol retornou aos Jogos Olímpicos de forma definitiva – o torneio masculino em Munique/1972, com vitória da Iugoslávia, e o feminino em Montreal/1976, vencido pela União Soviética –, estava adotada a forma como é disputado hoje em dia, em uma quadra fechada com dimensões de 20 metros de largura por 40 metros de comprimento, por equipes com sete titulares e sete reservas e em dois tempos de 30 minutos. Os escandinavos foram os grandes advogados do modelo indoor, uma vez que o argumento do clima nos países do norte era praticamente irreplicável. Além disso, o domínio da Alemanha e de países do centro da Europa no arrastado handebol de 11 era razão suficiente para tornar o esporte repetitivo e desinteressante, em que pesem todas as tentativas de dinamizar as regras. A opção pelo handebol de sete mostrou resultados antes mesmo do retorno à Olimpíada (decidido pelos dirigentes em 1965), quando novos países mostraram interesse em disputar o Campeonato Mundial no novo formato a partir de meados da década de 1960.

Jamais um país não europeu venceu o Mundial Masculino. Suécia, França e Romênia, cada uma com quatro conquistas, são as nações mais vitoriosas, seguidas por Rússia e Alemanha, com três títulos. No feminino, apenas a surpreendente Coreia do Sul ousou interromper o domínio europeu, ao conquistar o Mundial de 1995, vencendo a Hungria na decisão. A Rússia lidera o quadro de conquistas com larga folga – foram sete vitórias. Em segundo lugar vem a antiga Alemanha Oriental, com três títulos, e a Noruega, com dois. Nos Jogos Olímpicos, a disputa no masculino mostra equilíbrio: França, Croácia e dois países da antiga configuração geopolítica mundial, Iugoslávia e União Soviética, conquistaram duas medalhas de ouro. No feminino, a Dinamarca foi três vezes campeã olímpica, seguida por União Soviética, Coreia do Sul e Noruega, com duas vitórias. A supremacia europeia em si nunca prejudicou o avanço do handebol em outros continentes: os problemas de promoção da modalidade estavam ligados, isto sim, à falta de regulamentação. A Federação Internacional, com sede na Basileia (Suíça), tem hoje 167 países filiados, sendo que o handebol é praticado em 183 nações, por mais de 800 mil times. As estimativas são de que cerca de 26 milhões de pessoas joguem handebol de forma regular – amadora ou profissional – em todo o planeta.

ACEITAÇÃO DO JOGO INDOOR

Entre o pós-guerra e a definição da Federação Internacional pelo handebol de quadra, em meados da década de 1960, cinco campeonatos mundiais foram disputados no masculino (o último em 1964), e outros três no feminino (até 1965) ainda com 11 jogadores e em campo aberto. Nessa fase se destacaram os times da Suécia e da Romênia entre os homens, enquanto tchecas e húngaras dividiram os títulos no feminino com as romenas. A adoção definitiva do handebol de sete em 1965, ao mesmo tempo em que era oficializado o regresso da modalidade à Olimpíada a partir de Munique/1972, trouxe mais consistência e interesse às competições e permitiu, enfim, uma expansão sustentável por regiões que ainda mostravam certa resistência à falta de definição quanto à regulamentação, caso dos países orientais e de algumas regiões da América Latina. Ainda assim, as décadas de incerteza quanto à adoção da modalidade na Olimpíada e a convivência um tanto confusa entre os modelos de disputa em campo e em quadra travaram a expansão do handebol, por exemplo, nas nações de língua inglesa, onde até hoje o "futebol com as mãos" não emplacou. Potências esportivas com forte tradição olímpica, como Grã-Bretanha e Canadá, sem falar nos Estados Unidos, jamais subiram a um pódio no handebol, seja em Jogos Olímpicos, seja em campeonatos mundiais.

> Potências esportivas com forte tradição olímpica, como Grã-Bretanha e Canadá, sem falar nos Estados Unidos, jamais subiram a um pódio no handebol, seja em Jogos Olímpicos, seja em campeonatos mundiais.

O surgimento dos grandes craques do handebol internacional, nem poderia ser diferente, acompanhou a evolução técnica acentuada de seus países no momento em que o jogo de quadra foi institucionalizado e ganhou espaço entre os esportes com crescente popularidade entre os jovens. O croata Zdravko Miljak e o montenegrino Veselin Vujovic, por exemplo, transformaram-se em celebridades dos tempos de domínio iugoslavo, o primeiro no comando da equipe campeã olímpica em Munique/1972 e o segundo à frente do grupo que conquisitou a medalha de ouro em Los Angeles/1984. Vujovic foi também o jogador que inaugurou a premiação de melhor do ano na eleição criada pela Federação Internacional (IHF), em 1988. A avassaladora escola soviética fez um estrago nos anos seguintes tanto no masculino quanto no feminino, conduzida por nomes como o fenomenal goleiro Andrei Lavrov, o ucraniano Alexander Tuchkin, e Oleg Kisselev, um dos maiores jogadores de defesa de todos os tempos, e, entre as mulheres, com Larysa Karlova, corpo e alma da equipe bicampeã olímpica em 1976 e 1980. Surgiram também algumas surpresas entre equipes improváveis, como a surpreendente Coreia do Sul, vice-campeã olímpica em 1988, que revelou Kang Jae-Won, escolhido melhor do ano em 1989 e que fez carreira vitoriosa no handebol da Suíça. Mais tarde se tornou um técnico de respeito.

A história olímpica reserva episódios tecnicamente injustos e, no caso do handebol, talvez o maior deles seja o de Magnus Wislander, o sueco que marcou 1.185 gols em 384 jogos por sua seleção e revolucionou a posição de pivô com seu 1,94 metro, o que não impedia uma impressionante mobilidade. Wislander foi escolhido numa eleição da IHF como o "jogador do século", ganhou campeonatos, mas ficou devendo uma medalha de ouro olímpica a seu país e a sua própria carreira, apesar de ter subido ao pódio três vezes para receber a prata. Outro prodígio dessa época, o russo Talant Dujshebaev, nascido no Quirguistão, ao menos fez parte do time campeão olímpico sob a bandeira da Equipe Unificada, que disputou os Jogos de Barcelona em plena transição após o esfacelamento da União Soviética. Pouco depois, assumiria a cidadania espanhola e disputaria mais duas Olimpíadas (ganhou duas medalhas de bronze). O caso de Talant, que ganhou o título de melhor jogador do ano em duas ocasiões, cada uma delas defendendo um país (Rússia e Espanha), é bastante sintomático para retratar o panorama internacional do handebol a partir da segunda metade da década de 1990 até bem depois da virada do século. Seja pelas transformações políticas geradas pela desintegração soviética e pela queda do Muro de Berlim, unificando as Alemanhas, seja pelos conflitos separatistas da região dos Bálcãs – um tradicional celeiro de ótimos jogadores da modalidade –, uma intensa circulação de jogadores gerou uma espécie de "diáspora técnica" em vários esportes, o que levou ao fortalecimento de países emergentes no handebol, centros com campeonatos já fortes, que passaram a receber jogadores de primeiro nível do Leste Europeu. A altíssima exposição do handebol na mídia, no rastro das novas formas de patrocínio, igualmente provocou uma onda de investimentos em

> Magnus Wislander marcou 1.185 gols em 384 jogos pela seleção sueca, revolucionou a posição de pivô com seu 1,94 metro, foi eleito o jogador do século e ganhou inúmeras competições, mas ficou devendo uma medalha de ouro olímpica a seu país e à própria carreira.

Global
O russo Talant Dujshebaev ganhou o título de melhor jogador do ano em duas ocasiões, uma delas defendendo a Espanha

Gerreiro
O jogador Stefan Loevgren em ação, durante um jogo da liga alemã de handebol

clubes específicos da modalidade, enquanto associações tradicionais remontavam suas equipes com vistas aos grandes eventos europeus.

CORRENTES MIGRATÓRIAS

Assim, além do fortalecimento da Alemanha com jogadores que vinham do outro lado do muro, nações como França e Espanha ascenderam aos níveis de excelência nas competições do continente, com clubes investindo tanto na formação de jogadores quanto na possibilidade de importar craques e fortalecer seus torneios regionais. Veselin Vujovic, o lateral montenegrino multipremiado, foi pioneiro nessa onda migratória ao se transferir para o Barcelona em 1988. Mais tarde ele jogaria também no granollers. Talant Dujshebaev atuava pelo Teka Santander quando se naturalizou espanhol e o arisco atacante croata Mirza Džomba era um dos esteios do Ciudad Real, que recebeu também o goleiro sérvio Árpad Sterbik. O central Ivano Balic, outro croata, fez carreira no Portlantd San Antonio de Navarra e, mais tarde, no Atlético de Madrid, enquanto o ponta húngaro László Nagy passou 12 anos defendendo o Barcelona. Não à toa, a Espanha formou ao menos duas gerações de ótimos jogadores (Eric Masip, Iñaki Urdangarín, Iker Romero) e chegou a três pódios nas últimas cinco Olimpíadas.

> Com clubes fortes e muitos talentos importados, o handebol da Espanha formou duas gerações de ótimos jogadores e alcançou três pódios nas últimas cinco edições olímpicas.

Na França, potência moderna do handebol, o bósnio Andrej Golic puxou a fila de imigrantes de luxo depois de deixar em 1991 a zona de conflito nos Bálcãs para se juntar a seu pai, que é sérvio, e adquirir a cidadania francesa. Tornou-se um nome de peso na poderosa equipe do Montpellier HB, no que foi seguido pelo russo bicampeão olímpico Igor Chumak (1988-1992), quando já veterano. Mais tarde, o clube ainda recebeu o central sérvio Rastko Stefanovic e recentemente outro sérvio, este reconhecido internacionalmente como um dos melhores do mundo em todos os tempos: Nicola Karabatic. O Chambery Savoie formou um célebre time em torno do sérvio Zoran Djordjic e do húngaro Attila Borsos e o Olympique Vitrolles, de Marselha, viveu tempos gloriosos quando tinha em seu time o sérvio Slobodan Kuzmanovski, tanto que se esforçou para tirar Djordjic do Chambery, anos depois. A formação de equipes com perfil multinacional colaborou para um deslocamento do eixo técnico que durante anos ficou restrito à Europa do Norte, em torno da Alemanha, e parte do Leste, em torno da União Soviética e depois Rússia. A disputa entre franceses e espanhóis por alguns dos melhores jogadores do mundo provocou ainda uma saudável descoberta de autênticos eldorados para jogadores que vinham de países sem tanta projeção, dos quais o episódio mais emblemático é o do islandês Olafur Stefansson, que fez longa carreira na Espanha (pelo Ciudad Real) e conquistou grande respeito internacional antes de conduzir o time de seu país à medalha de prata nos Jogos de Pequim/2008, uma das grandes zebras olímpicas da história recente.

No feminino, a circulação de jogadoras nos tempos de handebol midiático foi bem menor que entre os homens, e o que marcou a modalidade depois da opção pelo jogo indoor (handebol de sete, a partir da década de 1960) até a inclusão nas Olimpíadas (em 1976) foi uma polarização da superioridade técnica entre as russas e as nórdicas – com a honrosa exceção do bicampeonato olímpico conquistado pela Coreia do Sul em Seul/1988 e Barcelona/1992, muito em função da presença de uma supercraque, a lateral Lim O-Kyeong, maior jogadora do país em todos os tempos. Antes da desintegração política, a União Soviética já havia formado equipes impressionantes, nas quais se destacaram duas legendas, as ucranianas Zinaida Turchina e Larysa Karlova. Nessa época, o imbatível time soviético foi bicampeão olímpico e tricampeão mundial. Depois, já como Rússia, engatou mais quatro títulos mundiais, mas parou de frequentar o pódio olímpico. Era o momento escandinavo. A Dinamarca formou um timaço na segunda metade da década de 1990, o que lhe assegurou as principais conquistas de sua história, o tricampeonato olímpico (Atlanta/1996, Sydney/2000 e Atenas/2004) e um campeonato mundial, em 1997. A estrela de então era Anja Andersen, tida como a criadora do "handebol espetáculo".

Nesse período, a Noruega esteve entre as principais seleções europeias, disputando títulos e garantindo pódios. Em 1999, foi campeã mundial e arrematou dois vices em 2001 e 2007. A partir de Pequim/2008, consolidou sua superioridade, levada por uma geração magnífica encabeçada pela capitã e central Gro Hammerseng e suas escudeiras Heidi Løke e Linn-Kristin Koren. Além do bi olímpico (Pequim e Londres), o time norueguês também conquistou o Mundial de 2011, realizado no Brasil. Tanto na fase de domínio russo-soviético quanto durante a ascensão nórdica, países de peso histórico fizeram sombra às melhores equipes. Como no masculino, Alemanha, Iugoslávia (antes e depois do desmembramento), Hungria, Romênia e mesmo a França conseguiram arrematar aqui e ali títulos ou medalhas de diversos quilates. E revelaram jogadoras universais, algumas clássicas como a sérvia Svetlana Kiti e a lateral-esquerda alemã Nadine Krause, melhor do mundo em 2007, e outras explosivas, como a húngara Anita Görbicz e a jovem romena Cristina Neagu.

> Entre as mulheres, tanto na fase de domínio russo-soviético quanto durante a ascensão nórdica, países de peso histórico fizeram sombra às melhores equipes.

AGRURAS DA VISIBILIDADE

A arrancada econômica do handebol, até se tornar na Europa uma prática de alto apelo popular com retorno garantido, passou por cima do efetivo domínio de uma elite técnica que governa a modalidade há décadas. Não mais do que 10 ou 12 países monopolizaram a conquista de medalhas e títulos, o que poderia limitar o interesse do público e gerar desconfiança no mercado esportivo. Mas, exceto pelo estranho bloqueio dos países de língua inglesa, a expansão promovida pelas correntes migratórias (no Brasil, por exemplo, foram os alemães) e pelas diversas formas de colonialismo – cultural ou político – garantiu a sustentação necessária para a difusão da modalidade no último terço do século passado. A visibilidade garantida pelas disputas olímpicas tornou o handebol viável, mas trouxe consigo as agruras que a exposição midiática excessiva costuma provocar.

Em períodos de crise financeira, os altos investimentos no esporte passam a chamar a atenção pelo lado negativo, por preconceito dos governantes ou por conveniência. Na Espanha, vítima direta das derrocadas econômicas mundiais de 2008 e 2011, o handebol foi um dos primeiros esportes que sofreu forte redução de investimentos. O país vinha crescendo na modalidade desde os Jogos Olímpicos de Barcelona, conquistou medalhas em todos os torneios importantes, revelou e importou jogadores, montou esquadrões que disputaram títulos continentais, mas sucumbiu nos últimos anos e passou de investidor a exportador de craques, para sobreviver. Alguns clubes fecharam, outros reduziram suas ambições. A França, nova rica do handebol, começou a sentir os efeitos das crises, mas conseguiu manter seu status em função da repercussão das conquistas recentes – o bicampeonato mundial e a conquista do ouro olímpico no masculino, em Pequim e Londres.

Cristina Neagu Atuando apenas por clubes de seu país, a estrela romena já conseguiu grandes saltos no cenário internacional do handebol, como o bronze no Campeonato Europeu de 2010

RAIO X E REGRAS

Medalha de ouro Amanda Kurtovic, jogadora da equipe da Noruega, e Andela, de Montenegro, lutam pela bola durante o jogo decisivo da medalha de ouro, nos Jogos Olímpicos de Londres, em agosto de 2012

RITMO DE FUTEBOL, SOLIDARIEDADE DE BASQUETE

Uma grande ação grupal, que combina ritmos, deslocamentos, objetividade, coesão e potência, intercalada por microações criativas individuais que muitas vezes decidem os jogos, é a síntese do handebol. Os sistemas e estratégias ganharam sofisticação nas últimas três décadas, muito em consequência da evolução física dos atletas, mas a base tática do jogo parte de princípios bastante simples, alguns deles utilizados como parâmetros também para o futebol de campo, o futsal, o hóquei sobre grama e, em menor escala, o basquete. A defesa pode ser individual, por zona ou mista, sendo que a marcação homem a homem pode ser realizada em meia quadra, na região de definição (área e linha pontilhada) e eventualmente na quadra toda. Na formação defensiva, além do goleiro, há dois extremos (pontas), dois centrais (um mais à esquerda, outro mais à direita) e dois meias (também chamados laterais ou alas), que compõem a marcação ajudando ora os extremos ora os centrais. Eventualmente, um dos centrais avança na marcação em relação à linha defensiva, função em geral exercida pelo jogador que, no ataque, exerce a função de pivô. A postura defensiva nunca pode ser passiva e é caracterizada pelos deslocamentos individuais ou por zona, pelos bloqueios e pelo contato corporal constante com o pivô adversário e outros jogadores que buscarem as infiltrações.

Para os ataques, muda a terminologia, não o espírito. No ataque posicional, que poderia ser chamado "ataque em zona", os jogadores fazem a bola circular com rapidez em busca da possibilidade de definição, principalmente em lances trabalhados para os pontas (esquerda e direita) e para o pivô. O central, principal condutor do jogo, forma um pequeno subgrupo com seus dois meias, direito e esquerdo, também chamados armador direito e armador esquerdo. Eles dão ritmo ao ataque, desvendam as possibilidades, forçam as infiltrações e também são finalizadores, geralmente os jogadores mais fortes e altos das equipes. Salvo exceções, a altura média de um jogador de handebol deve superar o padrão mínimo de 1,85 metro para os homens (1,78 metro para as mulheres), mas muitas equipes de alto rendimento no cenário internacional já possuem médias superiores a 1,90 metro (1,82 metro para as mulheres), exceto para a posição de ponta, na qual são fundamentais leveza e agilidade, e menos a estatura. Dinâmica e iniciativa são as leis essenciais do ataque, que também exige rapidez e precisão na troca de passes, segurança nas bolas cruzadas para evitar as interceptações. Outra arma importante é o chamado bloqueio ofensivo, que pode evitar a chegada de uma marcação mais agressiva sobre o jogador que tem a posse de bola e parte para o chute ou passe de gol (assistência). O contra-ataque também é um recurso fundamental de um jogo de handebol e exige ação defensiva conjunta, transição rapidíssima e, em muitas ocasiões, a participação do goleiro, que além de exercer suas funções básicas deve possuir excelente capacidade de passe no momento em que sua equipe recupera a posse de bola.

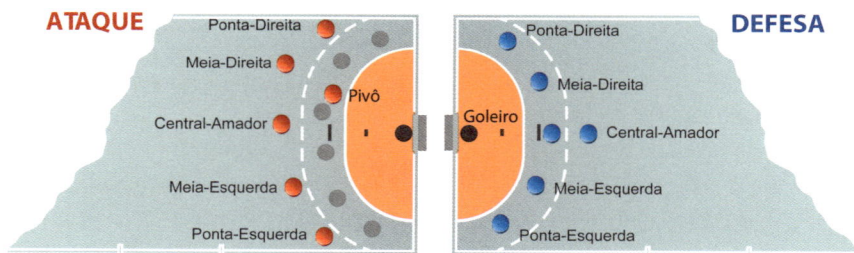

A construção das variantes táticas nunca estará dissociada dos fundamentos clássicos do handebol, que definem os padrões de treinamento, seja no processo de formação de atletas, seja no aperfeiçoamento de equipes de alta performance:

- **Recepção e passe:** São fundamentos que devem ser desenvolvidos e treinados simultaneamente. As recepções podem ser concluídas acima dos ombros, na altura do peito, em passes picados ou diretos, com o jogador em posição estática ou em progressão. Geralmente devem ser utilizadas as duas mãos, embora a circunstância do jogo e a habilidade individual permitam variações (recepção com uma só mão, toque rápido, passagem de uma mão para outra etc.). Há vários tipos de passes vinculados a forma e trajetória (acima dos ombros, picado, pelas costas, curto, médio, longo, parabólico), com aplicações de acordo com as situações de jogo, que exigem mudança repentina de ritmo, cadência, velocidade, arranque. Tanto a recepção quanto o passe dependem de uma correta empunhadura, o mais básico dos fundamentos. A empunhadura correta no momento da posse de bola (com as mãos bem abertas e todos os dedos exercendo pressão sobre a bola) pode marcar a diferença entre um passe preciso e a perda do controle da jogada.
- **Progressão:** Divide-se em dois tipos genéricos, com e sem a posse de bola. As progressões com a posse de bola têm várias subdivisões, em geral ligadas

à intenção da jogada (três passos seguidos do arremesso; três passos seguidos do passe; três passos, drible mais três passos e assim por diante). Obedecem, portanto, a uma sequência de duas ou três fases combinadas. As progressões sem a posse de bola, ou seja, os deslocamentos, têm função estratégica e compõem os esquemas táticos ofensivos. São movimentos realizados tanto em linha reta quanto em forma pendular, diagonal ou parabólica, obedecendo ritmos e necessidades de cada jogada. Em um ataque convencional os deslocamentos são distintos de uma ação de contra-ataque, por exemplo. Na postura defensiva, os deslocamentos são basicamente laterais, a partir das posições de base (também chamadas posições de expectativa). Há também os deslocamentos de explosão, bem mais agressivos, utilizados quando o sistema defensivo toma iniciativas de bloqueio de arremessos ou interceptação de passes.

> A síntese do handebol pode ser definida como uma grande ação grupal, que combina ritmos, deslocamentos, objetividade, coesão e potência, intercalada por microações criativas individuais que muitas vezes decidem os jogos.

- **Arremesso:** É a ação que finaliza a jogada – o chute, o arremate. Os arremessos mais utilizados: em suspensão (o jogador se projeta em um salto para superar a defesa adversária); com queda lateral ou para a frente (o jogador se joga em direção à área após realizar o chute); com giro e queda (lateral e para a frente); com queda e rolamento (geralmente realizado pelos pontas); com os dois pés no chão (arremesso no tiro de 7 metros).
- **Finta:** Com a bola na mão, o jogador realiza movimentos e mudanças de ritmo na tentativa de desequilibrar o esquema de defesa adversário e protelar o desfecho da jogada o máximo possível. As fintas precedem os passes e os arremessos e podem ser intercaladas com dribles.
- **Drible:** É utilizado com base no recurso de fazer a bola quicar no chão para determinar mudança de ritmo ou de direção, no intuito de ludibriar a marcação adversária, seja nas ações de contra-ataque, seja nas marcações individuais. Os dribles podem ser realizados em progressão, de costas ou de lado para os adversários e de frente nos casos de marcação um contra um. Há dribles pelo alto, realizados normalmente pelos centrais, e por baixo, na altura dos quadris, recurso de muitos pivôs e pontas. No handebol, o drible é resultado de um processo técnico objetivo. Ao contrário do futebol, por exemplo, não tem necessariamente uma função estética. É uma opção de progressão em quadra para tirar o marcador da jogada e atingir uma posição de chute.

VISÃO GERAL DO JOGO

LINHAS DE ARREMESSO LIVRE
Os jogos têm, normalmente, dois períodos de 30 minutos cada, com dez minutos de intervalo. Se houver necessidade, haverá prorrogação de dois tempos de cinco minutos cada. O jogo começa com um arremesso – o jogador executa o movimento do centro da quadra, com um ou os dois pés sobre a linha central, passando a bola a um jogador do mesmo time, no mesmo lado da quadra. Durante a partida, os jogadores podem segurar a bola por três segundos e dar comente três passos com a posse de bola. Mas essa regra pode ter variações. Se a bola sair da quadra, é colocada de volta com um arremesso do ponto em que cruzou a linha limite.

Sublinhas Os substitutos devem se sentar entre essas duas marcas

Delimitação da área dos oficiais

Linhas de arermesso livre Ela está a 9 m do centro da linha do gol e corre paralelamente a ele por 3 m até se curvar em dois círculos com 3 m de raio, cada um com centro na trave do gol mais próxima. Qualquer infração dentro dessa linha causa um arremesso livre ao gol

Linhas laterais No Handebol, será concedido tiro lateral quando a bola cruzar completamente. Os jogadores podem ficar fora da linha lateral se não obtiverem vantagem com essa ação

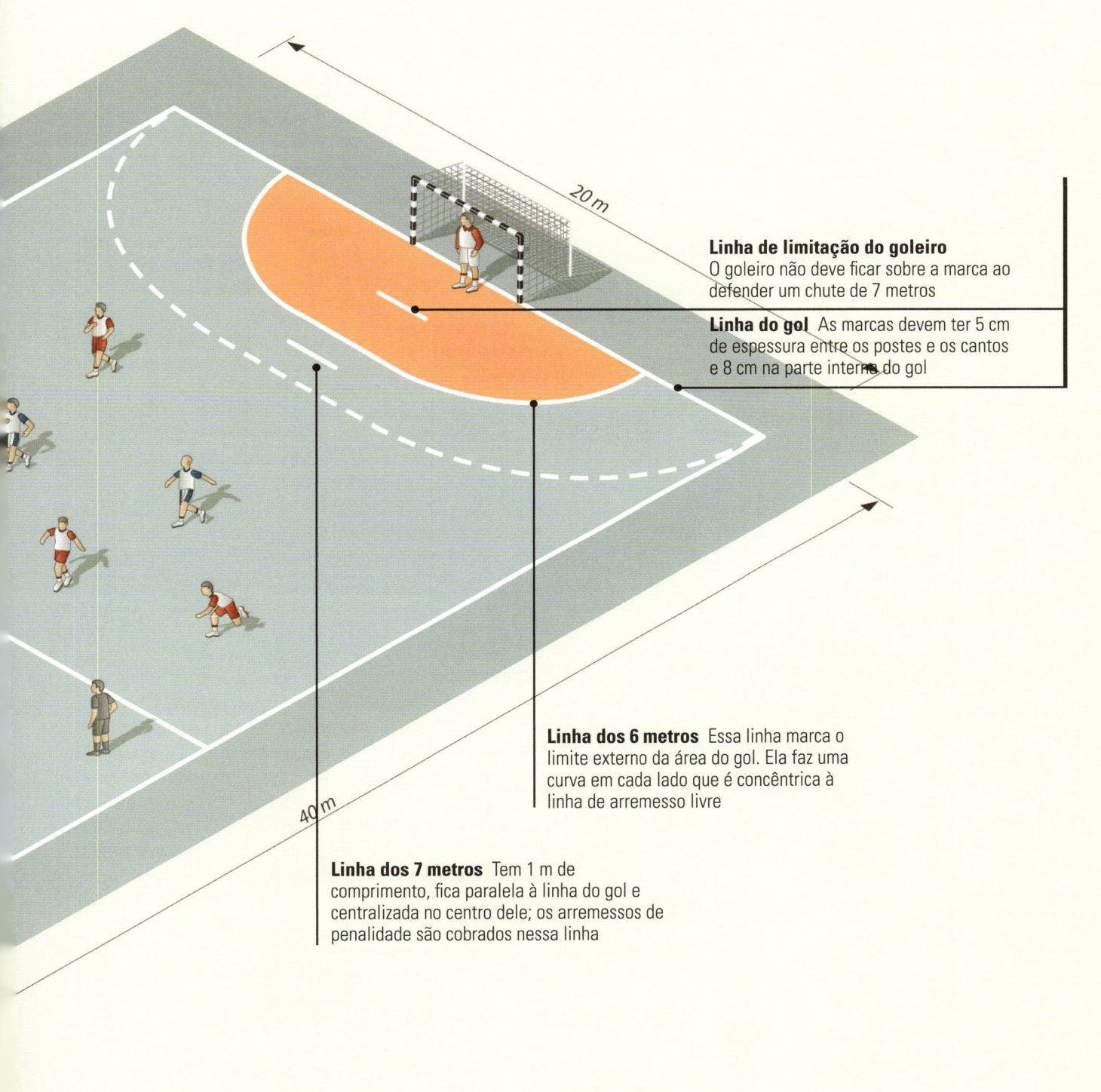

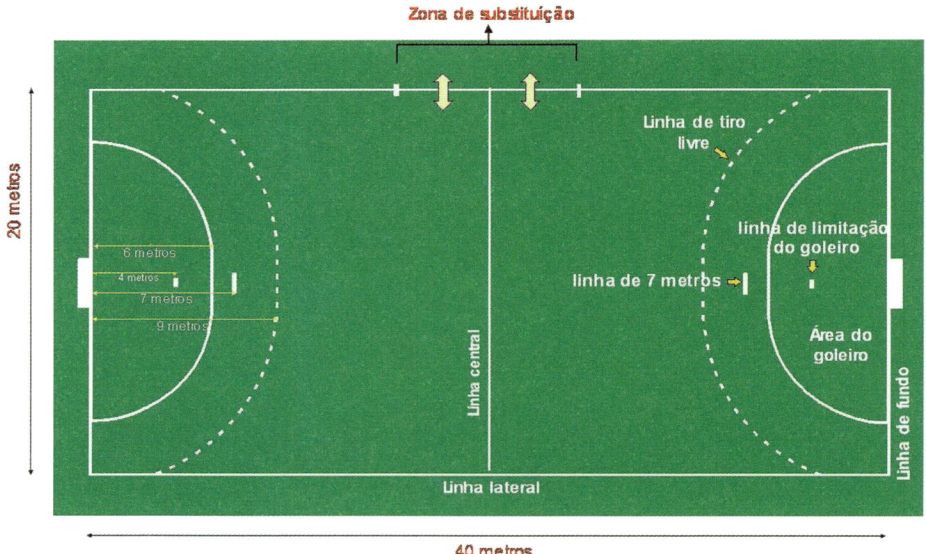

QUADRA, BALIZA E LINHAS DEMARCATÓRIAS

A quadra tem forma retangular, compreende uma superfície de jogo e duas áreas de gol e mede 40 m de comprimento por 20 m de largura.

Os grandes lados são chamados linhas laterais; os pequenos, linhas de gol. O estado da quadra não deve ser modificado de forma alguma em benefício de uma só equipe.

A baliza é colocada no meio da linha de fundo. Mede 2 m de altura por 3 m de largura. A área de gol é delimitada por uma linha reta de 3 m, traçada 6 m à frente da baliza, paralelamente à linha de gol e continuada em cada extremidade por um quarto de círculo de 6 m de raio, tendo por centro o ângulo interno, inferior e posterior de cada poste da baliza. A linha delimitando a superfície é chamada área de gol.

A linha de tiro livre se inscreve sobre uma reta de 3 m, traçada 9 m à frente da baliza, paralelamente à linha da área de gol. Os traços da linha de tiro livre medem 15 cm, assim como os intervalos. A marca de 7 m é constituída por uma linha traçada 1 m à frente do meio da baliza, paralelamente à linha de gol, a uma distância de 7 m a partir do lado exterior da linha de gol.

Uma marca de 15 cm de comprimento é traçada à frente do meio de cada baliza e paralelamente a esta, a uma distância de 4 m a partir do lado exterior da linha de gol. É a linha limite na qual o goleiro pode ficar na execução de um tiro livre de de 7 metros.

REGRAS

O JOGO

Para equipes masculinas e femininas de mais de 18 anos (17 anos, no Brasil) a duração do jogo é de 2 tempos de 30 minutos, com 10 minutos de intervalo. O jogo começa pelo apito do árbitro central autorizando o tiro de saída e termina pelo sinal do cronometrista. As infrações e condutas antidesportivas cometidas antes do sinal do cronometrista devem ser punidas pelos árbitros, mesmo depois de se ter sinalizado o final do jogo.

Os árbitros decidem quando o tempo deve ser interrompido e quando ele deve ser retomado. Eles assinalam ao cronometrista o instante da parada dos cronômetros e os da reposição em jogo. Se um tiro livre ou um tiro de 7 metros é assinalado pouco antes do intervalo ou do final do jogo, o cronometrista deve esperar o resultado imediato do tiro antes de sinalizar o encerramento do jogo.

A prorrogação, ou tempo extra, será jogada após 5 minutos de intervalo se uma partida terminar empatada e um vencedor tenha que ser determinado. A prorrogação consiste em dois períodos de cinco minutos, com intervalo de um minuto. Se o jogo continuar empatado após esta primeira prorrogação, uma segunda é jogada após 5 minutos de intervalo, com duração idêntica à primeira (dois tempos de 5 minutos). Se o jogo continuar empatado, o vencedor será determinado de acordo com o regulamento particular da competição em curso (normalmente é disputado o desempate com tiros dos 7 metros).

A bola, de couro ou material sintético, deve ter cor uniforme. Bolas brilhantes ou lisas não serão permitidas. Para os homens, a bola deve medir no início do jogo de 58 a 60 cm de circunferência e pesar de 425 a 475 g. Para as mulheres a bola deve medir no início do jogo de 54 a 56 cm de circunferência de pesar de 325 a 400 g.

OS JOGADORES

Uma equipe completa pode ter até 14 jogadores. Em qualquer caso, a equipe é obrigada a jogar com um goleiro e 6 jogadores de quadra, os quais devem ser inscritos na súmula da partida. Os outros jogadores são reservas.

Durante o jogo os reservas podem entrar na quadra a qualquer momento e repetidamente, sem avisar o cronometrista, desde que os jogadores substituídos tenham abandonado a quadra. Isso vale igualmente para a substituição do goleiro. O uniforme dos jogadores de quadra de uma equipe deve ser igual, sendo que a cor do uniforme do goleiro deve diferir claramente das duas equipes.

Um goleiro nunca pode substituir um outro jogador, no entanto qualquer outro jogador pode exercer a função de goleiro. O jogador de quadra deve vestir o uniforme do goleiro, isto é, ter o uniforme de cor diferente dos jogadores de quadra, antes de substituí-lo pela zona de substituição.

O GOLEIRO

É permitido ao goleiro:
- Tocar a bola na área de gol numa tentativa de defesa, com todas as partes do corpo (exceto chutar a bola, mesmo em tentativa de defesa).
- Deslocar-se na área de gol com a bola na mão, sem restrição.
- Sair da área de gol, numa ação defensiva, e continuar a jogar, tomando parte do jogo. Neste caso, estará sujeito às regras dos demais jogadores de quadra.
- Sair da área de gol, numa ação defensiva, e continuar a jogar, desde que não tenha a bola dominada.
- Tocar a bola na área de gol, depois de um tiro de meta, se a bola não tiver sido tocada por outro jogador (tiro livre).
- Tocar a bola na área de gol, parada ou rolando no solo, fora da área de gol, desde que ele se encontre dentro de sua área de gol (tiro livre).
- Voltar com a bola da quadra de jogo para dentro de sua própria área de gol (tiro livre).

Somente o goleiro tem o direito de permanecer na área de gol, que é violada quando um jogador de quadra a tocar, inclusive em sua linha, com qualquer parte do corpo.

A violação da área de gol por um jogador de quadra é punida da seguinte forma:
- Tiro livre, se um jogador de quadra a invade com a bola.
- Tiro livre, se um jogador de quadra a invade sem a bola e disso leva vantagem.
- Tiro de 7 metros, se um jogador da equipe que defende e invade intencionalmente, e desta maneira coloca em desvantagem o jogador atacante que tem a posse da bola.

O lançamento intencional da bola para sua própria área de gol é punido das seguintes formas:

- Gol, se a bola penetra no gol.
- Tiro de 7 metros, se o goleiro toca a bola evitando que entre no gol.
- Tiro livre, se a bola permanecer na área de gol ou ultrapassar a linha de gol por fora da baliza.

MANEJO DE BOLA

É permitido:
- Lançar, bater, empurrar, socar, parar e pegar a bola com a ajuda das mãos, braços, cabeça, tronco e joelhos.
- Segurar a bola no máximo durante 3 segundos, mesmo que ela esteja no solo.
- Dar no máximo 3 passos com a bola na mão.

CONDUTAS

É permitido:
- Utilizar os braços e as mãos para apoderar-se da bola.
- Tirar a bola do adversário com a mão aberta, não importa de que lado.
- Barrar com o tronco o caminho do adversário, mesmo que ele não esteja com a posse da bola.

É proibido:
- Barrar o caminho do adversário ou contê-lo com os braços, as mãos ou as pernas.
- Arrancar a bola do adversário com uma ou duas mãos, assim como bater na bola que ele tenha em suas mãos.
- Utilizar o punho para tirar a bola do adversário.
- Lançar a bola de modo perigoso sobre o adversário.

O GOL

Um gol será marcado quando a bola ultrapassar totalmente a linha de gol desde que nenhuma infração às regras tenha sido cometida pelo arremessador ou por algum outro jogador de sua equipe, antes ou durante o arremesso. O árbitro de gol confirma a validade do gol com dois apitos curtos. Um gol deve ser validado de houver uma violação das regras por um defensor, mas mesmo assim a bola cruzar a baliza. Não se pode validar um gol se um árbitro, o cronometrista ou o delegado interromper o jogo antes que a bola tenha cruzado completamente a linha de gol.

Um gol que tenha sido validado não poderá ser anulado se o árbitro apitar para executar o tiro de saída. Se o sinal de término soar imediatamente após se converter um gol, mas antes de que o tiro de saída possa ser executado, os árbitros devem deixar bem claro que eles validaram o gol e que o tiro de saída não será efetuado.

TIRO LIVRE

Um tiro livre é assinalado nos seguintes casos:
- Substituição antirregulamentar
- Faltas do goleiro
- Faltas dos jogadores de quadra na área de gol
- Manejo antirregulamentar da bola
- Lançamento intencional da bola por fora da linha lateral ou linha de gol por fora da baliza
- Jogo passivo
- Conduta antirregulamentar para com o adversário
- Conduta antirregulamentar num tiro de saída, tiro de lateral, tiro de meta e tiro livre
- Paralisação do jogo, sem que tenha havido nenhuma infração às regras
- Conduta antirregulamentar por ocasião de um tiro de 7 metros
- Conduta antidesportiva grosseira ou repetida

Desde que, de posse da bola, o jogador que executa o tiro livre esteja pronto a executá-lo do local exato, não lhe é mais permitido colocar a bola no solo e tornar a pegá-la ou quicar a bola. Durante a execução de um tiro livre, os jogadores da equipe atacante não devem tocar ou ultrapassar a linha de tiro livre. Os jogadores adversários devem estar a pelo menos 3 metros do executor. Durante a sua execução na linha de tiro livre, os jogadores da equipe defensora podem se colocar na linha da área de gol.

Se o jogo foi paralisado sem que houvesse ações antirregulamentares e quando a bola estava em poder de uma equipe, o jogo é reiniciado por um tiro livre ou correspondente, executado após o apito do árbitro, do local onde se encontrava a bola no momento de paralisação e pela equipe que estava com a posse da bola.

TIRO DE 7 METROS

Um tiro de 7 metros é ordenado nos seguintes casos:
- Quando a infração, em qualquer parte da quadra de jogo, frustra uma clara ocasião de gol, inclusive se a comete um oficial.
- Violação da própria área de gol, numa tentativa de defesa, co-

locando em desvantagem o jogador atacante que está com a posse da bola.

O tiro de 7 metros é um lançamento direto ao gol e deve ser executado dentro dos 3 segundos após o apito do árbitro.

EXECUÇÃO DE TIROS

Antes da execução de qualquer tiro, a bola deve estar na mão do executor, e todos os jogadores devem tomar posição, de acordo com as regras do tiro em questão. Os tiros são considerados executados assim que a bola tenha deixado a mão do executor.

Durante a execução de todos os tiros, a bola deve ser lançada e não tocada por um companheiro de equipe.

Durante a execução de um tiro de lateral, ou de tiro livre, os árbitros não devem corrigir uma posição irregular dos adversários se, com uma execução imediata, esta incorreção não causa nenhum prejuízo à equipe atacante. Quando esta incorreção causar prejuízo, a posição irregular deve ser corrigida.

Se os árbitros apitam ordenando a execução de um tiro, apesar da posição irregular de um adversário, este tem o direito de intervir normalmente no jogo e não pode ser punido por sua ação.

Infrações que justificam uma sanção disciplinar segundo as regras

As infrações onde a ação é principalmente ou exclusivamente dirigida ao corpo do adversário devem implicar uma sanção disciplinar. Isto significa que, além do tiro livre ou tiro de 7 metros, pelo menos a infração deve ser sancionada progressivamente, começando com uma advertência, seguindo com exclusões por 2 minutos e uma desqualificação.

SANÇÕES

Para as infrações mais severas, há três níveis de sanções com base nos seguintes critérios de tomada de decisão:
- Infrações que devem ser sancionadas com uma exclusão por 2 minutos imediata;
- Infrações que devem ser sancionadas com uma desqualificação;
- Infrações que devem ser sancionadas com uma desqualificação e onde se requer um relatório escrito.

Infrações que justificam exclusão por 2 minutos imediata.
Para certas infrações, a punição é uma exclusão por 2 minutos direta, independentemente se o jogador havia recebido previamente uma advertência. Isto se aplica especialmente para aquelas infrações onde o jogador culpado não entende o perigo a que expõe seu adversário;

Tomando em conta os critérios de tomada de decisão, tais infrações poderiam ser, por exemplo:
- Infrações cometidas com alta intensidade ou contra um adversário que está correndo em grande velocidade;
- Agarrar um adversário por um longo tempo ou derrubá-lo;
- Infrações contra a cabeça, garganta ou pescoço;
- Golpes fortes contra o tronco ou braço de arremesso;
- Tentar fazer com que o adversário perca o controle corporal (por exemplo, agarrar a perna ou pé de um adversário que está saltando);
- Correr ou saltar com grande velocidade sobre um adversário.

Infrações que justificam uma desqualificação
Um jogador que ataque um adversário de maneira tal que possa ser perigoso para sua saúde, deverá ser desqualificado. O especial perigo para a saúde do adversário surge da alta intensidade da infração ou do fato de que o adversário está completamente desprevenido e não pode, devido a isto, proteger a si mesmo perante a infração.

Também se aplicam os seguintes critérios de tomada de decisão:
- A real perda do controle corporal enquanto correndo ou saltando, ou durante uma ação de arremesso;
- Uma ação particularmente agressiva contra uma parte do corpo do adversário, especialmente, rosto, garganta ou pescoço (a intensidade do contato corporal);
- A atitude imprudente demonstrada pelo jogador culpado quando comete a infração.

Desqualificação devido uma ação particularmente imprudente, perigosa, premeditada ou maliciosa (a ser também informada por escrito)
Se os árbitros encontrarem uma ação particularmente imprudente,

perigosa, premeditada ou maliciosa, devem enviar um relatório escrito após a partida, de modo que as autoridades responsáveis estejam em posição de tomar uma decisão a respeito das medidas posteriores.

O que segue, são indicações e características que se somam àquelas expressadas na Regra 8:5 e que poderiam servir como critérios para a tomada de decisão:
- Uma ação particularmente imprudente ou perigosa;
- Uma ação premeditada ou maliciosa, que não está relacionada de nenhuma maneira com a situação de jogo.

A conduta antidesportiva ou agressão dentro da quadra de jogo será punida de acordo com os seguintes critérios.
Antes do jogo:
- No caso de conduta antidesportiva, por uma advertência.
- Conduta antidesportiva ou agressão, por desqualificação.

Durante o intervalo:
- No caso de conduta antidesportiva, com uma advertência.
- No caso de conduta antidesportiva grave ou repetida, ou agressão, por desqualificação.

Após o jogo:
- Relatório escrito.

OS ÁRBITROS

Cada jogo é dirigido por dois árbitros, tendo ambos os mesmos direitos. São assistidos por um secretário e um cronometrista.

Em princípio, compete ao árbitro central apitar:
- A execução do tiro de saída.
- A execução de todos os tiros e após a paralisação do tempo de jogo.

O árbitro de gol usará o seu apito:
- Quando um gol tiver sido marcado.

Ambos os árbitros são encarregados e responsáveis pelo controle do tempo de jogo, bem como pelas condutas esportivas dentro da quadra. Em caso de dúvida sobre a exatidão da cronometragem, a decisão será tomada em conjunto.

FONTES: FEDERAÇÃO INTERNACIONAL DE HANDEBOL (IHF) E CONFEDERAÇÃO BRASILEIRA DE HANDEBOL

MIKKEL HANSEN (1987)

Prodígio dinamarquês nascido em Elsinor, é visto como a maior revelação do handebol internacional nos últimos anos. Surgiu nas competições europeias defendendo o GOG Svendborg, mas foi no Barcelona, a partir de 2008, que começou a se destacar, marcando em sua primeira temporada na Espanha um total de 45 gols apenas na Liga dos Campeões. Depois de dois anos voltou à Dinamarca, para atuar pelo AG Kopenhagen, mas se transferiu em 2012 para o Paris HB, dentro do projeto milionário dos investidores do clube francês, a partir da equipe de futebol do Paris Saint-Germain. A transferência coincidiu com sua premiação como melhor jogador do ano, na eleição da IHF, derrotando na reta final Nikola Karabatic e Filip Jícha. Além de ter conquistado cinco títulos na Espanha, foi campeão europeu com a Dinamarca em 2012 e medalha de prata no Mundial de 2011.

GALERIA MASCULINO

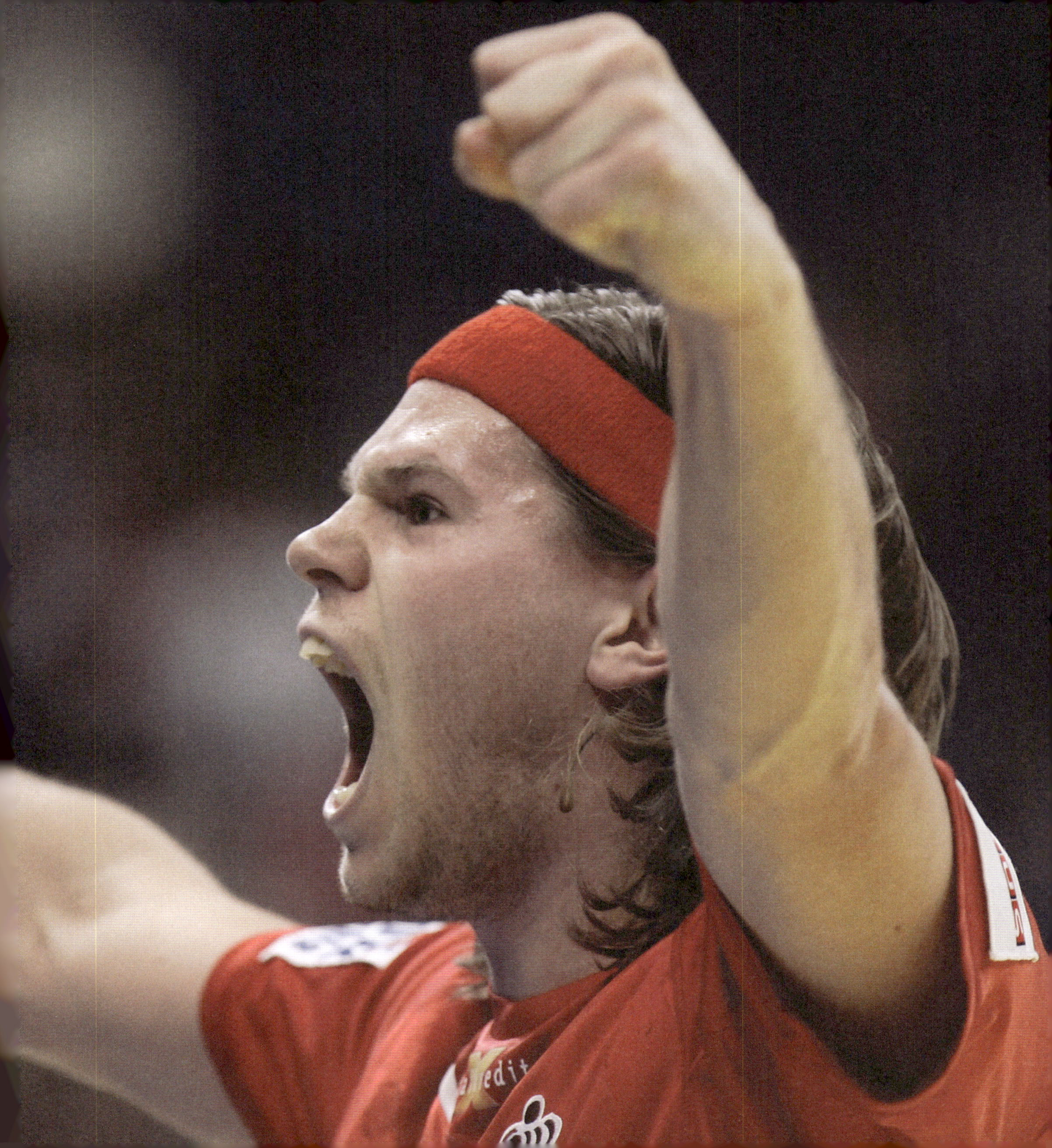

VESELIN VUJOVIC (1961)

Primeiro jogador a receber o prêmio de melhor do ano da International Handball Federation (IHF), foi um dos maiores na posição de lateral-esquerdo nas décadas de 1980 e 1990, período em que conquistou a medalha de ouro nos Jogos Olímpicos de Los Angeles/1984, o bronze em Seul/1988, o título mundial de 1986, na Suíça, defendendo a antiga Iugoslávia, e três Copas da Europa. Montenegrino nascido na cidade de Centije, construiu grande parte de sua carreira no Metaloplastika Sabac, mais importante clube iugoslavo do período, e, em 1988, transferiu-se para a Espanha, onde defendeu Barcelona e Granollers. Também no handebol espanhol iniciou em 2001 sua carreira de treinador, no comando do BM Ciudad Real.

ZDRAVKO MILJAK (1950)

Croata, nascido em Vinkovci, próximo à fronteira com a Sérvia, foi um dos símbolos da equipe iugoslava que conquistou o primeiro ouro do handebol olímpico, em Munique/1972. Em um período conturbado para a antiga Iugoslávia, foi também um dos primeiros jogadores a buscar carreira internacional. Começou no pequeno Lokomotiv de sua cidade natal, passou pelo RK Zagreb, transferiu-se para o Pallamano Trieste, da Itália, e em seguida iniciou uma trajetória vitoriosa no handebol alemão defendendo o VFL Günzburg. Voltou a disputar a Olimpíada de Montreal/1976, na qual marcou 30 gols, mas a Iugoslávia não chegou ao pódio. Depois de encerrar a carreira, chegou a ser técnico do time alemão TSV Milbertshofen.

ANDREI LAVROV (1962)

Um dos maiores esportistas da trajetória olímpica russa, foi o melhor goleiro de handebol em todos os tempos. Nascido no extremo oeste do país, em Krasnodar, detém vários recordes. Capitão do time, foi quatro vezes medalhista olímpico, sendo que se tornou o único atleta do mundo a conquistar medalhas de ouro por três países diferentes – pela a União Soviética em Seul/1988, pela Equipe Unificada durante a transição política em seu país nos Jogos de Barcelona/1992 e pela Rússia em Atlanta/1996. Aos 42 anos, foi ainda medalha de bronze em Sydney/2000, onde carregou a bandeira russa na cerimônia de abertura. Foi também bicampeão mundial pela Rússia em 1993 (na Suécia) e 1997 (no Japão).

MAGNUS WISLANDER (1964)

Nascido em Gotemburgo, recebeu da IHF o título de melhor atleta do século XX. Também foi eleito o melhor do ano em 1990. Pivô de impressionante capacidade técnica, conhecido como "The Hose" (A Enguia), entrou para o Guiness como o maior artilheiro do handebol, com média superior a três gols por partida e mais de mil gols em toda a carreira que durou 18 anos. Em Barcelona/1992, Atlanta/1996 e Sydney/2000 chegou à medalha de prata com a seleção da Suécia. Defendeu dois clubes em seu país – Tuve IF e Redbergslids IK – e durante 12 temporadas foi jogador do THW Kiel, da Alemanha.

KANG JAE-WON (1965)

Só quando este sul-coreano nascido em Bucheon conquistou em 1989 o título de melhor jogador do ano pela IHF, o handebol percebeu que a Europa já não era mais o único reduto de grandes nomes desse esporte. Jae-Won já havia se destacado na equipe da Coreia do Sul que conquistou a medalha de prata nos Jogos de Seul/1988, quando foi o artilheiro do torneio e chamou a atenção pela grande impulsão, fundamental para um jogador com 1,83 metro, não tão alto para a posição de meia-direita. Depois do reconhecimento, transferiu-se para o handebol da Suíça, onde defendeu o Grasshoper e o Pfadi Winterthur, antes de uma experiência nos Estados Unidos, no fim da década de 1990. Como treinador, iniciou a carreira no próprio Winterthur suíço, passou pela seleção da China e, em 2010, assumiu a seleção feminina de seu país.

ALEXANDER TUCHKIN (1964)

De origem ucraniana – nasceu em Lviv – foi duas vezes medalhista de ouro olímpico, primeiro defendendo a União Soviética, em Seul/1988, e depois pela Rússia em Sydney/2000, quando liderou a equipe, levando-a a vencer por 28 a 26 a final com a Suécia, que era tida então como o Dream Team do handebol. Já veterano, conquistou o bronze em Atenas/2004. Era um dos homens de confiança do goleiro e capitão Andrei Lavrov, com quem compartilhou alguns dos principais títulos do handebol russo na década de 1990. Lateral-direito agressivo e de grande habilidade, teve passagens importantes no último terço de sua carreira pelo handebol da Alemanha e da Grécia, onde foi eleito o melhor jogador estrangeiro.

OLEG KISSELEV (1967)

Um dos maiores jogadores de defesa da história do handebol, este gigante russo de 2,01 metros, nascido próximo a Moscou, destacou-se desde cedo na posição de central. Iniciou sua trajetória defendendo o Dínamo de Astrakhan, mas fez carreira vitoriosa no handebol espanhol, onde começou a chamar a atenção ao disputar o Mundial Junior de 1989, onde conquistou a medalha de ouro. Foi campeão olímpico com a Rússia em Barcelona/1992, na legendária equipe que também seria campeã mundial no ano seguinte, na Suécia. Entre 1992 e o término de sua carreira, em 2004, defendeu quatro equipes espanholas – Granollers, Bidasoa Irun, Cantabria e Portlan San Antonio –, conquistando vários títulos nacionais e europeus.

TALANT DUJSHEBAEV (1968)

Presente em todas as listas de melhores jogadores da história, este espanhol naturalizado é o central mais rápido do handebol em todos tempos. Duas vezes eleito o jogador do ano pela IHF (1994 e 1996), nasceu em Frunze, no Quirguistão, e defendeu três bandeiras em sua carreira. Foi campeão olímpico pela Equipe Unificada durante a transição russa, em Barcelona/1992, campeão do mundo pela Rússia em 1993 e, em 1995, passou a defender a Espanha, tendo conquistado dois bronzes olímpicos (Atlanta/1996 e Sydney/2000) e dois vice-campeonatos europeus. Aposentou-se como jogador e iniciou a carreira de técnico no BM Ciudad Real, que se transformaria no atual BM Atlético de Madrid.

IÑAKI URDANGARÍN (1968)

Histórico do handebol espanhol, foi duas vezes medalhista de bronze (Atlanta/1996 e Sydney/2000), fez 154 jogos pela seleção e durante 15 anos foi um dos principais jogadores do Barcelona, até abandonar a carreira no ano de 2000. Nascido em Zumárraga, no País Basco, tornou-se duque consorte de Palma de Mallorca ao casar-se em 1997 com a infanta Cristina de Bourbon, uma das filhas do rei Juan Carlos.

ERIC MASIP (1969)

Um dos maiores centrais de todos os tempos, este catalão nascido em Barcelona é tido como um jogador de excelência em sua posição, com excelente visão de jogo do alto de seu 1,92 metro. Medalha de bronze nos Jogos de Sydney/2000, prata no Campeonato Europeu de 1996, disputou 205 jogos pela seleção espanhola. No contexto nacional e europeu, conquistou vários títulos defendendo os dois clubes de sua longa carreira: Barcelona e Granollers. Deixou as quadras aos 35 anos, após uma série de lesões nas costas. Hoje, trabalha como dirigente no departamento de handebol do Barcelona.

STÉPHANE STOECKLIN (1969)

Principal representante da primeira geração de jogadores franceses que encantou a Europa, nasceu em Bourgoin-Jallieu, nos Alpes. Defendeu clubes franceses em grande parte de sua carreira, mas jogava na Alemanha, pelo TSV Minden, quando ganhou o título de melhor do ano da IHF em 1997. Depois disso, fez história durante suas cinco temporadas no Japão, onde foi pentacampeão pelo Suzuka e bicampeão da Copa do Japão. Com a seleção francesa, disputou 238 partidas, marcou 898 gols, foi campeão mundial em 1995, na Islândia, e medalha de bronze nos Jogos Olímpicos de Barcelona/1992. Era lateral-direito.

OLAFUR STEFANSSON (1973)

Tivesse nascido em algum centro tradicional de handebol na Europa continental, este lateral-direito de rara habilidade e excelente desempenho físico estaria entre os melhores jogadores do mundo em todos os tempos. Mas Stefansson é islandês, natural de Reikjavik, e precisou de grandes saltos na carreira para se destacar, tanto que aos 23 anos transferiu-se para a Alemanha, dando início a uma vitoriosa trajetória internacional. Suas maiores conquistas (o tricampeonato da Liga dos Campeões e o tetracampeonato da Supercopa Europeia) ocorreram pelo BM Ciudad Real, time espanhol que defendeu entre 2003 e 2009, mas o auge de sua carreira veio nos Jogos Olímpicos de Pequim/2008, quando a Islândia conquistou a inédita medalha de prata, ao perder a final para a França. Despediu-se das quadras, aos 39 anos de idade, na derrota da Islândia para a Hungria nas quartas de final em Londres/2012.

MIRZA DŽOMBA (1977)

Um dos maiores atacantes da história recente do handebol, foi um ponta-direita agressivo e goleador. Nasceu em Rijeka (Croácia), começou a carreira defendendo o RK Zagreb e teve passagens vitoriosas pela Hungria e pela Espanha, antes de encerrar a carreira no KS Vive Targi Kielce, da Polônia, em 2011. Como titular absoluto da seleção da Croácia, foi campeão do mundo em 2003, vice em 2005 e conquistou a medalha de ouro dos Jogos Olímpicos de Atenas/2004, quando foi eleito o melhor ponta-direita, tendo marcado 30 gols na competição.

JACKSON RICHARDSON (1969)

Precursor da excepcional geração de jogadores franceses, foi o principal responsável pela transição dos difíceis anos de 1990 para as glórias da década de 2000 no handebol de seu país. Pivô de grande talento e explosão física, nasceu na colônia francesa de Reunion, em Saint-Pierre, uma ilha entre Madagascar e Maurício. Iniciou a carreira no modesto Saint-Pierre HBC, passou por várias equipes francesas de expressão, como o OM Vitrolles, e teve um grande desempenho também na Alemanha e na Espanha, onde atuou pelo Portland San Antonio, de Pamplona. Bicampeão mundial pela França (em 1995 e 2001), foi capitão do time e medalha de bronze em Barcelona/1992. Escolhido o melhor do ano de 1995 pela IHF, foi porta-bandeira da delegação francesa em Atenas/2004.

VENIO LOSERT (1976)

Excelente goleiro da seleção da Croácia bicampeã olímpica (Atlanta/1996 e Atenas/2004), construiu praticamente toda sua carreira no handebol espanhol, exceto por uma passagem rápida pelo Créteil HB da França. Nascido em Slavonski Brod, próximo à fronteira com a Bósnia Herzegovina, começou no RK Zagreb, mas em 1999 resolveu radicar-se na Espanha, onde defendeu seis times, sendo o primeiro o Garbel Zaragoza e o último o Real Ademar León. Conquistou o Campeonato Mundial de 2003 pela Croácia, além de três vice-campeonatos. Aos 36 anos, disputou a Olimpíada de Londres/2012, foi porta-bandeira da delegação na festa de abertura e subiu ao pódio para receber a medalha de bronze.

IVANO BALIC (1979)

Croata nascido na cidade de Split, eleito em duas ocasiões o jogador do ano da IHF, em 2003 e 2006, este central está entre os melhores do mundo na posição em todos os tempos, mas se destacou também por sua versatilidade, atuando em várias posições ao longo da vitoriosa carreira. Campeão olímpico em Atenas/2004 e medalha de bronze em Londres/2012, conquistou com a Croácia o título mundial de 2003, em Portugal, e com a camisa do BM Atlético de Madrid foi campeão do mundo de clubes em 2012. Com 1,89 metro, é excelente condutor de jogo e também se destaca pela liderança. Em seis torneios internacionais por clubes e pela seleção recebeu o título de MVP (Most Valuable Player).

THIERRY OMEYER (1976)

Francês de Mulhouse, região da Alsácia, forma com o russo Andrei Lavrov, o polonês Sławomir Szmal e o sérvio-espanhol Árpad Sterbik o quarteto de melhores goleiros do handebol da era moderna. Ganhou da IHF o título de jogador do ano de 2008 ao conquistar com a França a medalha de ouro dos Jogos Olímpicos de Pequim, quando recebeu o título de melhor goleiro da competição. Quatro anos depois, em Londres, repetiria a medalha de ouro. É tricampeão mundial por seu país (2001, 2009 e 2011), além de bicampeão europeu (2006 e 2010). Em três temporadas (2006, 2009 e 2011) foi eleito o melhor goleiro do mundo. Defendeu dois times franceses, o Sélestat Alsace e o Monpellier HB, antes de se transferir em 2006 para o poderoso THW Kiel, da Alemanha.

EDUARD KOKSHAROV (1975)

Considerado por alguns anos o melhor ponta-esquerda do mundo, este russo nascido em Kranodar foi um dos grandes nomes da seleção que marcou a passagem da década de 1990 para os anos 2000. Campeão mundial em 1997 (em Kumamoto, no Japão) e medalha de ouro nos Jogos Olímpicos de Sydney/2000, Koksharov deixou a seleção russa em 2007 para continuar fazendo história no Celje Pivovarna Laako, da Eslovênia, como capitão e principal jogador do time, onde já conquistou uma Liga de Campeões da Europa.

ÁRPAD STERBIK (1979)

Nascido em Senta, norte da Sérvia, próximo à divisa com a Hungria, chegou ao auge de sua carreira ao se transferir para a Espanha, em 2004, onde recebeu o título de jogador do ano da IHF, em 2005, quando defendia o Ciudad Real. A premiação ganha destaque por se tratar do reconhecimento internacional a um goleiro, algo que não ocorria desde os tempos do mítico russo Andrei Lavrov. Duas vezes medalhista de bronze defendendo seu país de origem, em 2008 conquistou a nacionalidade espanhola, tornando-se no ano seguinte goleiro titular da seleção nacional.

BERTRAND GILLE (1978)

Outro nome fundamental nas campanhas que levaram a França ao bicampeonato olímpico em Pequim/2008 e Londres/2012. Irmão do meio de um trio de jogadores de handebol (o mais velho, Guillaume, também foi bicampeão olímpico), nasceu na região de Rhône-Alpes, na cidade de Valence, e já foi considerado o melhor pivô do mundo, com seu 1,87 metro e 98 quilos. Um dos símbolos da geração de ouro francesa, teve duas sérias contusões em 2009 (rompimento do tendão de aquiles) e em 2012 (luxação no ombro), mas se recuperou a tempo de disputar o Campeonato Mundial de 2011 e a Olimpíada de Londres. Bicampeão mundial e europeu, conquistou vários títulos pelos dois clubes que marcaram sua carreira, o Chambéry SH e o HSV Hamburgo. Em 2002, foi eleito pela IHF o melhor jogador do ano.

IKER ROMERO (1980)

Um dos grandes nomes do handebol espanhol, nasceu em Vitoria, no País Basco. Lateral-esquerdo com grande controle da dinâmica do jogo e excelente participação ofensiva, foi um dos condutores da equipe espanhola que conquistou o Campeonato Mundial de 2005, a medalha de bronze nos Jogos de Pequim/2008 e ainda o vice-campeonato europeu de 2006, na Suíça. Começou jogando pelo Balonmano Valladolid, passou por Barcelona e Ciudad Real e, em 2011, com 31 anos, transferiu-se para o Füchse Berlin.

FILIP JÍCHA (1982)

Maior nome do handebol tcheco nas últimas décadas. Nasceu em Pilzen, onde começou a jogar muito cedo, no infantil do Slavia, antes de se mudar para o Dukla de Praga, em 2000, sendo que três anos depois foi negociado com o Saint Gallen da Suíça. Sua ascensão fulminante começou com a transferência em 2005 para o handebol alemão, primeiro para o TBV Lemgo e, dois anos depois, para o supertime do THW Kiel, onde foi bicampeão europeu. Joga como lateral-esquerdo e caracteriza-se por um grande equilíbrio entre defesa e ataque. Em 2010, logo após conquistar a Bundesliga como artilheiro do Kiel, foi eleito o jogador do ano pela IHF.

NIKOLA KARABATIC (1984)

Nascido em Nis, na Sérvia, filho de mãe sérvia e pai croata, adquiriu a nacionalidade francesa depois que a família mudou-se para a região de Montpellier, quando Nicola tinha 3 anos e meio. Eficiente tanto como lateral-esquerdo quanto como central, foi eleito em 2007 o jogador do ano pela IHF e se transformou em um dos pilares da impressionante seleção da França bicampeã olímpica em Pequim/2008 e Londres/2012. Foi ainda duas vezes campeão mundial (Croácia/2009 e Suécia/2011) e também bicampeão europeu (2006 e 2010). Em Londres, foi eleito o melhor central do torneio. Defendeu em sua vitoriosa carreira como profissional apenas dois clubes: o Montpellier HB e o THW Kiel, da Alemanha.

HEIDI LØKE (1982)

Não tão alta para uma pivô, mas extremamente forte e rápida, esta norueguesa nascida em Tonsberg já fez história no handebol de seu país ao participar das duas campanhas olímpicas que levaram a medalhas de ouro em Pequim/2008 e Londres/2012. De uma família de esportistas (irmão e irmã também jogam handebol), começou a frequentar as quadras com apenas 10 anos e construiu sua carreira em times noruegueses e da Dinamarca até se transferir em 2011 para o Gyori ETO, da Hungria. Na seleção começou tarde, aos 24 anos, mas só conseguiu se firmar a partir da Olimpíada de Pequim. Em suas 101 partidas pela Noruega até 2012, marcou 342 gols. Foi eleita a jogadora do ano pela IHF em 2011.

GALERIA FEMININO

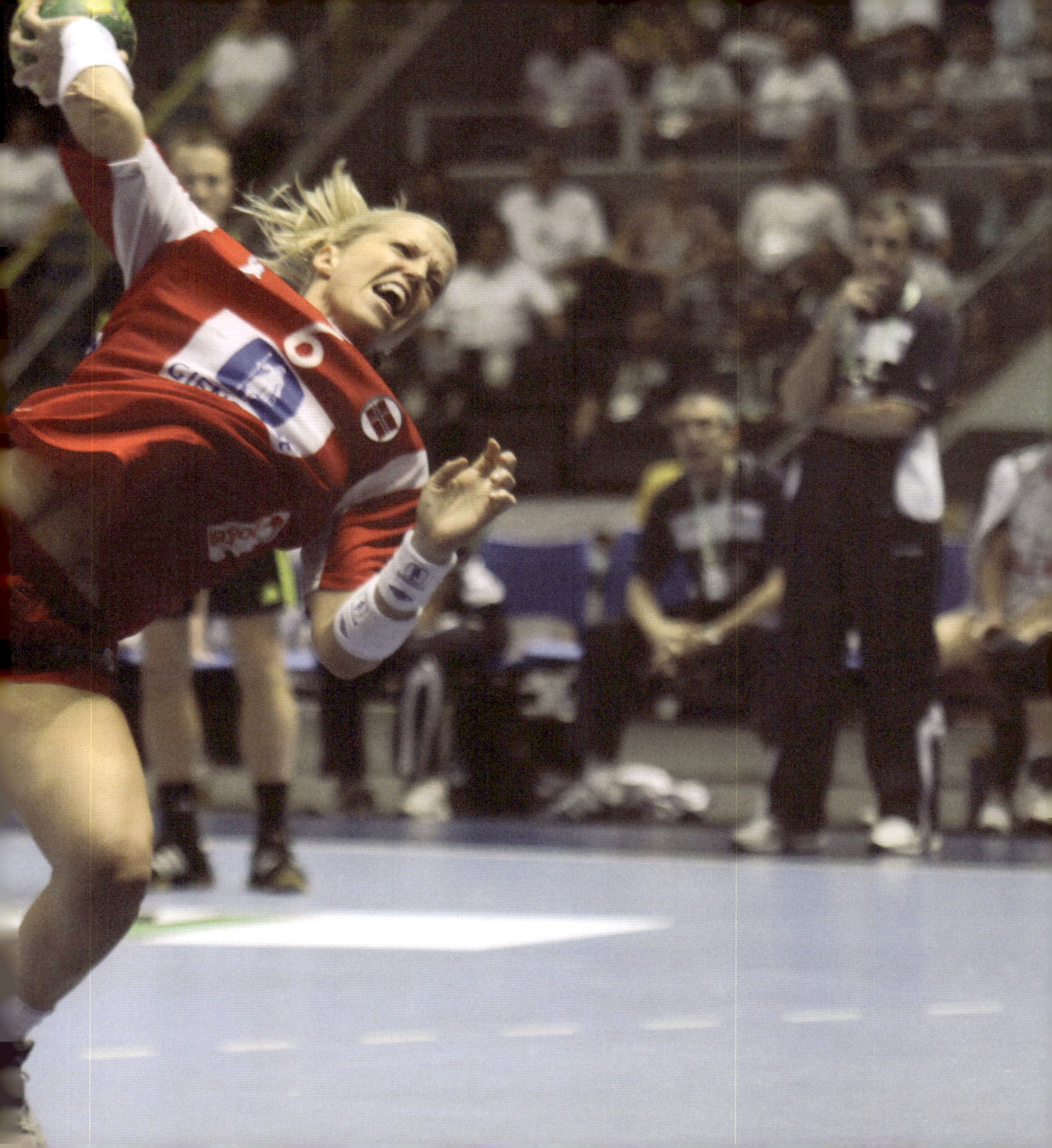

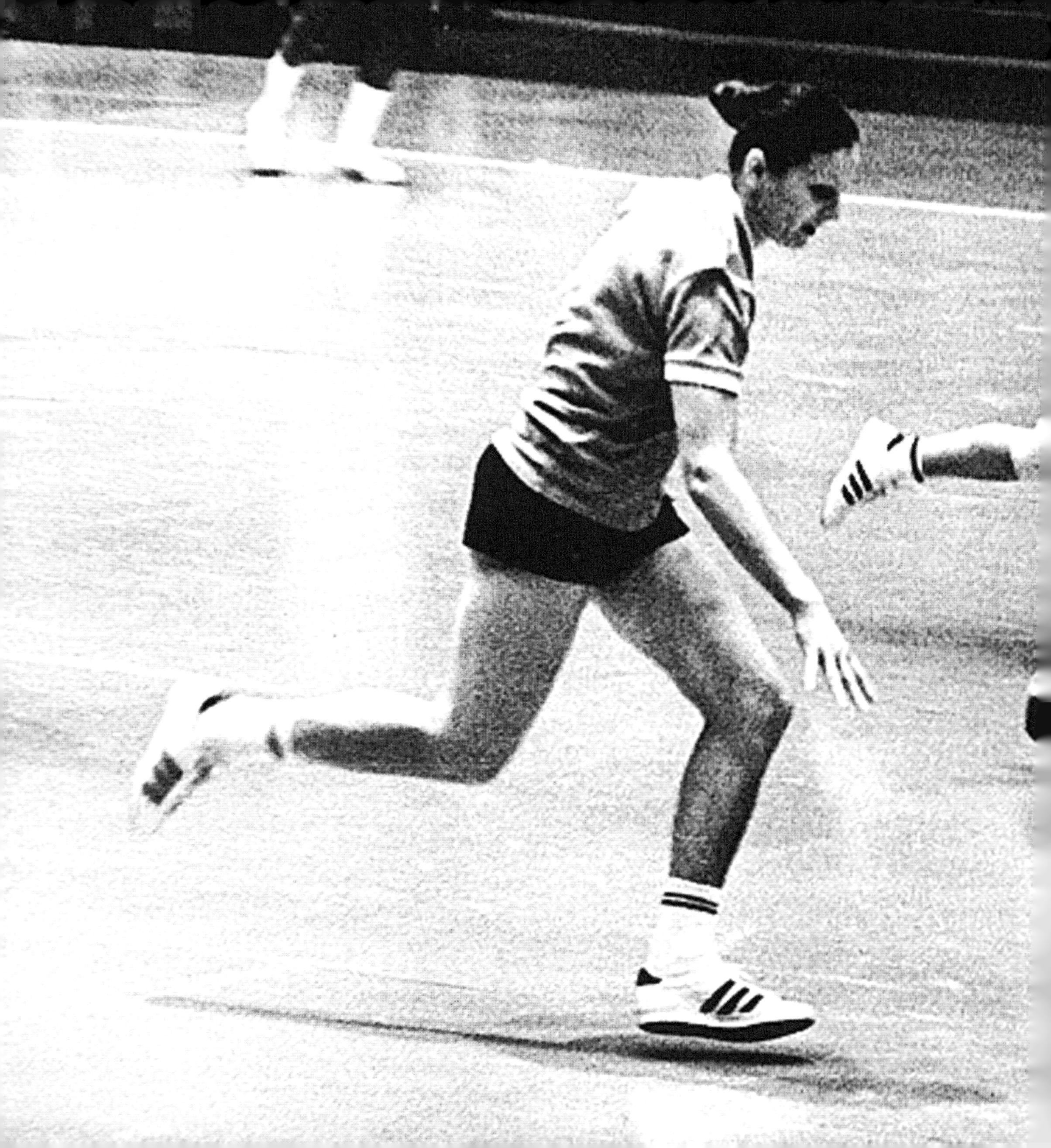

ZINAIDA TURCHINA (1946)

O handebol da antiga União Soviética deve muito a esta ucraniana de Kiev, que durante quase três décadas conquistou todos os títulos possíveis tanto para o time nacional quanto para seu clube, o Spartak. Já na primeira Olimpíada que contou com o handebol feminino, Montreal/1976, foi medalha de ouro com a legendária equipe que repetiria o feito em Moscou/1980. Em Seul/1988, aos 42 anos, também subiu ao pódio para receber a medalha de bronze. Foi ainda bicampeã mundial por seu país em 1982 e 1986, sendo que, no Spartak, venceu 13 vezes o título europeu. Foi eleita em 1999 pela IHF a melhor jogadora do século XX.

WALTRAUD KRETZCHMAR (1948)

Primeira grande legenda do tradicional handebol feminino alemão, nasceu em Kloster Lehnin, antiga Alemanha Oriental (RDA), marcou uma época defendendo o SC Leipzig e até hoje é tida como precursora de um estilo de jogo que se tornou clássico nos países da Europa do Leste, privilegiando a agressividade no ataque. Tricampeã mundial com a equipe da RDA (1971, 1975 e 1978), marcou mais de 700 gols pela seleção e subiu duas vezes ao pódio olímpico: foi medalha de prata em Montreal/1976, quando marcou oito gols na partida decisiva contra a União Soviética, e bronze em Moscou/1980. É mãe de outro astro do handebol alemão, Stefan Kretzschmar, medalha de prata nos Jogos de Atenas/2004.

JASNA KOLAR MERDAN (1956)

Nascida na Bósnia, na cidade de Mostar, mais tarde naturalizada austríaca, foi autora de uma marca olímpica impressionante. Nos Jogos de Los Angeles/1984, quando ainda defendia a Iugoslávia, marcou 48 gols em cinco jogos, foi artilheira da competição e principal jogadora da final contra a Coreia do Sul, que valeu a medalha de ouro. Em 1980, já havia subido ao pódio para receber a medalha de prata. Disputou uma terceira Olimpíada, agora pelas cores da Áustria, marcou 23 gols em quatro jogos, mas não chegou ao pódio. Em 1990, foi eleita a melhor jogadora do ano pela IHF. Marcou mais de 1.500 gols em toda a carreira pelas duas seleções que defendeu, com uma média de 12 por jogo.

MARIANNA NAGY (1957)

Principal jogadora húngara dos tempos do handebol olímpico, defendeu a seleção de seu país em 246 partidas, durante 14 anos. Nasceu em Csorna, norte do país, mas fez sua carreira em Budapeste, defendendo a equipe do Vasas SC. Mais tarde, fez carreira na Alemanha, vinculada ao TSV Bayer Leverkusen, e na Áustria. Medalha de bronze nos Jogos Olímpicos de Montreal/1976, foi três vezes ao pódio do Mundial de Handebol, conquistando dois bronzes (1975 e 1978) e uma prata (1982). Em cinco temporadas conquistou o prêmio de melhor jogadora do handebol húngaro.

54 GALERIA

LIM O-KYEONG (1971)
É seguramente a maior jogadora sul-coreana de handebol em todos os tempos, eficiente tanto como lateral-direita quanto como central. Na Olimpíada de Barcelona/1982 levou sua seleção à surpreendente medalha de ouro, a primeira de um país não europeu, quando marcou 30 gols em cinco jogos. Em 1994 transferiu-se para o Japão, mas voltou a defender a Coreia do Sul nos Jogos de Atlanta/1996, conquistando a medalha de prata e marcando 41 gols em cinco jogos. Aos 33 anos, em Atenas/2004, voltou à seleção para comemorar outra medalha de prata, desta vez assinalando 14 gols em sete partidas. Foi eleita a jogadora do ano da temporada de 1996 na eleição da IHF.

LARYSA KARLOVA (1958)
Ucraniana nascida em Kiev, marcou época no time soviético que conquistou as primeiras medalhas olímpicas da história. Com seu clube, o Spartak de Kiev, ganhou nada menos que 13 títulos europeus, fazendo dupla com outra estrela soviética dessa primeira geração vencedora, Zinaida Turchyna. Era um dos pilares da equipe soviética que foi bicampeã olímpica em Montreal/1976 e Moscou/1980. Na primeira Olimpíada, com 17 anos, jogou cinco partidas e marcou um gol; na segunda, aos 21, marcou 19 gols nas cinco partidas que disputou. Aos 30 anos, na Olimpíada de Seul/1988, ficou com a medalha de bronze.

SVETLANA KITI (1960)
Nascida na cidade sérvia de Tuzla, antiga Iugoslávia, foi a jogadora que inaugurou a galeria de melhores do ano da IHF, ao ser eleita para o prêmio em 1988, quando já tinha no currículo duas medalhas olímpicas – prata em Moscou/1980 e ouro em Los Angeles/1984. Somou em sua carreira um total incrível de 911 gols em 202 partidas até encerrar a trajetória vencedora no Radni ki de Belgrado. Em 2010, recebeu o título de melhor jogadora em todos os tempos, numa eleição também realizada pela IHF, mesma época em que foi reconhecida em seu país com o prêmio de 'Personalidade do Ano' da Sérvia.

MIA HERMANSSON HÖGDAHL (1965)
Nascida em Gotemburgo, foi um das maiores centrais da era moderna do handebol. Começou a carreira no HP Warta de sua cidade natal, mas construiu uma consistente trajetória internacional, que incluiu passagens pela Noruega, dois títulos da Champions League (1994 e 1995) pelo Hypo Niederösterreich da Áustria, até encerra a carreira na Espanha, jogando pelo Mar Valencia. Detém um recorde absoluto na Seleção da Suécia: marcou 1091 gols em 216 partidas. Foi eleita jogadora do ano da IHF em 1994. Em 2009, tornou-se assistente técnica da fortíssima seleção da Noruega.

TRINE HALTVIK (1965)

Desde a adolescência, esta norueguesa de Trondheim já se destacava por sua grande visão de jogo e dedicação física, o que a levou a estrear na seleção aos 19 anos. Bicampeã europeia, campeã mundial em 1999, conquistou o título de melhor jogadora da temporada pela IHF quando já era consagrada internacionalmente, aos 33 anos. Viveu duas épocas olímpicas. Em Seul/1988, ajudou na conquista da medalha de prata, após perder a final de forma surpreendente para a anfitriã Coréia do Sul. Em Sydney/2000, chamada de "Mor" (Mãe) pelas companheiras, conquistou o bronze. Fez 240 jogos internacionais pela Noruega, marcando 832 gols.

AUSRA FRIDRIKAS (1967)

Lituana de nascimento (natural da cidade de Verane), cidadã austríaca, esta atacante marcou época no handebol por representar uma classe de jogadoras ciganas que disputaram torneios internacionais por vários países. Foi campeã mundial pela União Soviética em 1990; depois da transição política, defendeu a seleção de seu país de origem; mais tarde, naturalizou-se austríaca, atuando em um dos times mais emblemáticos do século, o Hypo Niederösterreich, e também foi medalha de bronze no Mundial de 1999, ano em que recebeu o título de jogadora do ano pela IHF. Após cinco temporadas na Dinamarca, sua camisa 11 por foi aposentada pelo Slagelse FH.

ANJA ANDERSEN (1969)

Foi uma das mais habilidosas e polêmicas jogadoras do século XX. Nascida em Odense, tida como criadora do handebol-espetáculo, com perfil ofensivo e repleto de recursos criativos, seu temperamento agressivo provocou inúmeras brigas e expulsões em grandes jogos internacionais. Sob seu reinado, a Dinamarca foi bicampeã europeia, campeã olímpica em Atlanta/1996 e campeã do mundo em 1997. Pela seleção, jogou 133 partidas e marcou 726 gols. Um problema cardíaco interrompeu sua carreira aos 30 anos, antecipando o desejo de se tornar treinadora. Foi escolhida em votação da IHF a segunda melhor jogadora do século.

BOJANA RADULOVIC (1973)

O handebol húngaro nunca foi campeão olímpico, conquistou apenas um título mundial, mas sempre esteve entre os "top 5" da Europa, chegando a vários pódios. Por ao menos uma década e meia, muitas dessas conquistas foram conduzidas por esta sérvia que se naturalizou húngara em 1999, mas que desde 1995 defendia o time do Dunaújváros NKKSE, vencendo alguns dos principais títulos nacionais e europeus. Lateral-esquerda rápida e habilidosa, com qualidades indiscutíveis de liderança, disputou 70 partidas pela seleção de seu país natal antes de defender a Hungria em duas Olimpíadas, conquistando a medalha de prata em Sydney/2000 (em Atenas/2004, a Hungria terminou em quinto). Em 2003 foi vice-campeã mundial e, em 2004, medalha de bronze no Campeonato Europeu. Nos 64 jogos que fez pela Hungria, marcou 464 gols, antes de encerrar a carreira aos 38 anos. Foi a única jogadora da história a ganhar duas vezes o prêmio de melhor do ano da IHF, em 2000 e 2003.

GRO HAMMERSENG (1980)

Aos 20 anos, esta norueguesa nascida Gjovik, fiel representante do tradicional estilo ofensivo de seu país, já mostrava em sua estreia pela seleção uma notável percepção de jogo, virtude essencial para uma jogadora na posição de central. Com 1,80 metro e ótima mobilidade, tornou-se rapidamente capitã da equipe e comandou a conquista do bicampeonato europeu em 2004 e 2006, e nas duas campanhas dos vice-campeonatos mundiais, em 2001 e 2007. Na Olimpíada de Pequim/2008, foi um dos pilares do time que bateu a Rússia na final, ganhando a primeira medalha olímpica de ouro do handebol da Noruega. Também em Pequim, Gro engajou-se ao lado de colegas de time numa campanha da Anistia Internacional. Por razões aparentemente físicas, deixou o time nacional depois disso, mas retornou para ajudar na conquista do terceiro título europeu, em 2010. Melhor jogadora do mundo pela IHF em 2007, fez pela seleção 167 partidas, com 631 gols.

ANITA GÖRBICZ (1983)

Outro exemplo de jogadora húngara de primeiro nível, com ótimos resultados individuais. Nascida em Veszprém, região central do país, teve sua carreira desde o início vinculada ao Gyori ETO, principal clube do país, onde começou a jogar com 10 anos. Principal jogadora da equipe húngara no Mundial de 2003, ela perdeu a final contra a França e seu país ficou com a medalha de prata. Em 2005, voltaria subir ao pódio para receber o bronze. Em 2009, na semifinal da Champions League, sofreu uma contusão no joelho e desfalcou o time do Gyori na decisão contra o Viborg HK da Dinamarca, ficando também com a medalha de prata, embora tenha sido uma das artilheiras do torneio. Seu desempenho como central sempre foi referência mesmo para os adversários, o que lhe valeu o prêmio de melhor jogadora da IHF na temporada de 2005, com apenas 22 anos. Até 2012, em 165 jogos pela seleção, marcou 752 gols.

CECILIE LEGANGER (1975)

Norueguesa de Bergen, poderia ter se tornado uma das principais goleiras de todos os tempos. Antes dos 18 anos, já era titular da equipe nacional e ganhou os prêmios de MVP e de melhor jogadora de sua posição no Mundial de 1993, quando a Noruega ficou com o bronze, mas, aos 20 anos, resolveu abandonar a seleção e se dedicar ao clube e aos estudos. Só retornou em 1998 para a conquista do Campeonato Europeu. Campeã mundial em 1999, vice em 2011, ficou com o bronze olímpico em Sydney/2000, ano em que recebeu o prêmio de melhor jogadora na eleição da IHF.

NADINE KRAUSE (1982)

Tida como uma jogadora completa, esta lateral-esquerda alemã, nascida na pequena Waiblingen, região de Stuttgart, teve uma passagem meteórica pelo handebol internacional. Aos 17 anos, era titular da Seleção Alemã. Foi duas vezes medalha de bronze em mundiais, artilheira no Mundial de 2005 e no Campeonato Europeu de 2006 e conquistou vários títulos com o clube que defendeu em grande parte da carreira, o TSV Bayer Leverkusen. Com 29 anos, porém, renunciou à equipe nacional, após marcar 723 gols em 177 jogos. Mesmo sem título mundial ou medalha olímpica, foi eleita a melhor jogadora do ano em 2006.

LINN-KRISTIN KOREN (1984)

Na fantástica Seleção da Noruega bicampeã olímpica em Pequim/2008 e Londres/2012, esta canhota que atua como lateral e como ponta-direita merece um destaque especial. Nascida na cidade de Ski, sul do país, fez carreira em alguns dos principais clubes noruegueses e na Dinamarca. Seu currículo na seleção, que começou aos 19 anos, é impressionante: além dos dois ouros olímpicos, foi quatro vezes campeã europeia, campeã do Mundial de 2011, no Brasil, após a prata em 2007 e o bronze em 2009). Nos nove anos em que serviu à Seleção, marcou 790 gols em 211 partidas.

CRISTINA NEAGU (1988)

Em pouco tempo de carreira, esta romena nascida em Bucareste já conseguiu grandes saltos no cenário internacional do handebol, atuando apenas por clubes de seu país. Se sua principal conquista coletiva foi a medalha de bronze do Campeonato Europeu de 2010, individualmente acumula prêmios desde os torneios juvenis, como goleadora e MVP. Sua escalada técnica foi marcada pelo reconhecimento da IHF, primeiro como melhor novata da temporada, em 2009, depois com o principal prêmio do handebol mundial, ao ser eleita a melhor jogadora de 2010, com apenas 22 anos.

ALLISON PINEAU (1989)

As conquistas de duas medalhas de prata nos últimos campeonatos mundiais (China/2009 e Brasil/2011) credenciaram esta revelação francesa como principal jogadora da renovada seleção de seu país. Nascida em Chartres, estreou na seleção com apenas 17 anos e já se destacou na posição de central durante o Mundial chinês, quando mal acabava de completar 20 anos, um desempenho que lhe garantiu o título de melhor jogadora de 2009, na eleição da IHF. Em 2012, assinou contrato com o CS Oltchim Ramnicu Valcea, poderoso time romeno, como principal trunfo para a conquista da Champions League.

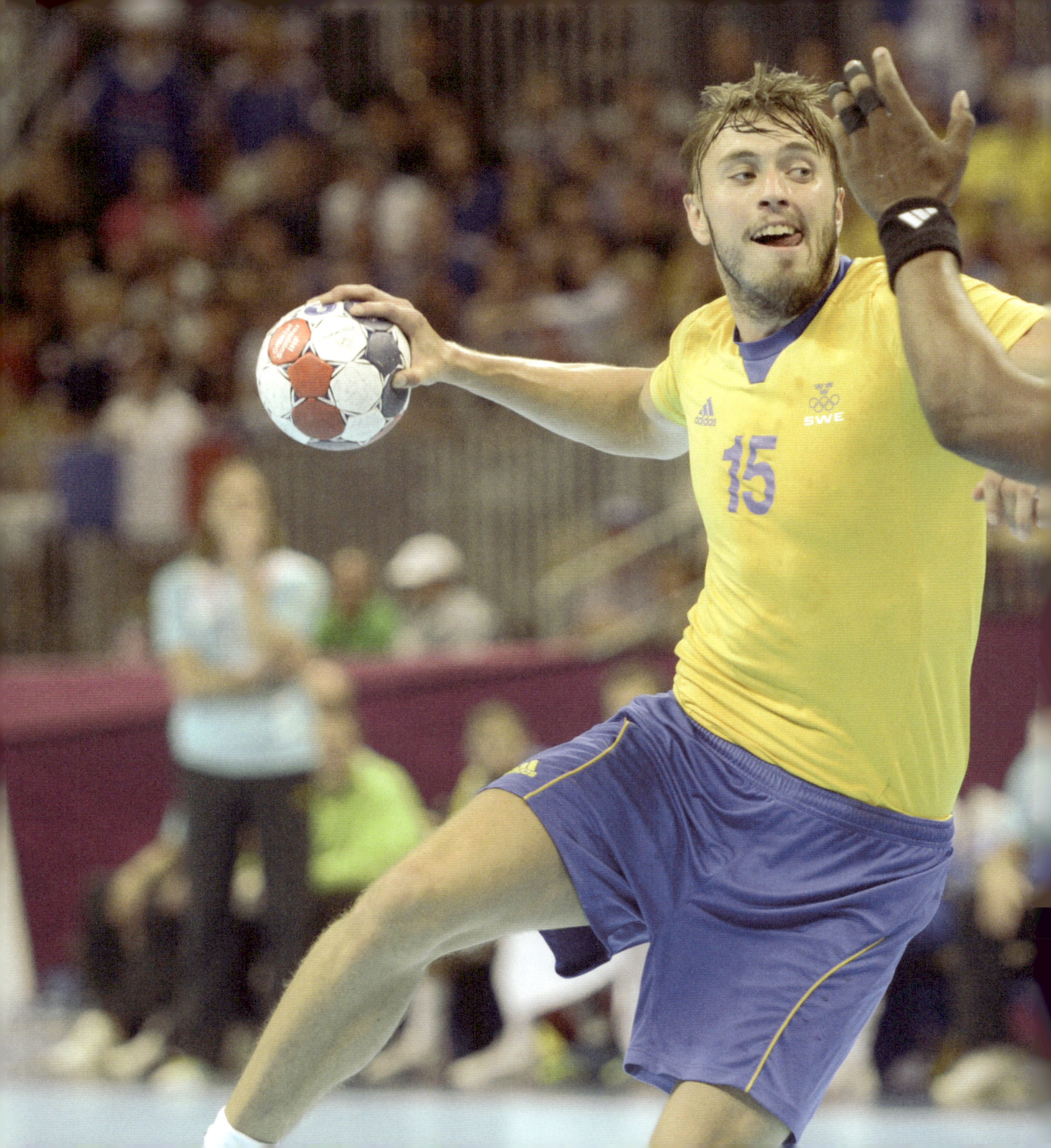
SWE
15

JOGOS OLÍMPICOS

PAÍS		🥇	🥈	🥉	
1º	União Soviética	4	2	1	7
2º	Iugoslávia	3	1	1	5
3º	Dinamarca	3	0	0	3
4º	Coreia do Sul	2	4	1	7
5º	Noruega	2	2	1	5
6º	Croácia	2	0	1	3
7º	França	2	0	1	3
8º	Alemanha Oriental	1	1	1	3
9º	Rússia	1	1	1	3
10º	Alemanha	1	1	0	2
11º	Equipe Unificada	1	0	1	2
12º	Suécia	0	4	0	4
13º	Romênia	0	1	3	4
14º	Hungria	0	1	2	3
15º	Alemanha Ocidental	0	1	0	1
16º	Áustria	0	1	0	1
17º	Tchecoslováquia	0	1	0	1
18º	Islândia	0	1	0	1
19º	Montenegro	0	1	0	1
20º	Espanha	0	0	4	4
21º	China	0	0	1	1
22º	Polônia	0	0	1	1
23º	Suíça	0	0	1	1
24º	Ucrânia	0	0	1	1

CAMPEÕES MUNDIAIS (Feminino)

PAÍS		🥇	🥈	🥉	
1º	Rússia e URSS*	7	2	1	10
2º	Alemanha Oriental	3	0	1	4
3º	Noruega	2	3	3	8
4º	Hungria	1	4	4	9
5º	Sérvia	1	3	3	7
6º	França	1	3	0	4
7º	Dinamarca	1	2	1	4
8º	Romênia	1	2	0	3
9º	República Tcheca	1	1	1	3
10º	Alemanha	1	0	3	4
11º	Coreia do Sul	1	0	1	2
12º	Áustria	0	0	1	1
13º	Espanha	0	0	1	1

* A IHF UNIU AS CONQUISTAS DE UNIÃO SOVIÉTICA E RÚSSIA

CAMPEÕES MUNDIAIS (Masculino)

PAÍS		🥇	🥈	🥉	
1º	Suécia	4	3	4	11
2º	França	4	1	3	8
3º	Romênia	4	0	2	6
4º	Rússia e URSS*	3	3	0	6
5º	Alemanha	3	2	1	6
6º	Croácia	1	3	0	4
7º	República Tcheca	1	2	2	5
8º	Sérvia	1	1	4	6
9º	Espanha	1	0	1	2
10º	Alemanha Oriental	0	2	2	4
11º	Dinamarca	0	2	1	3
12º	Polônia	0	1	2	3
13º	Áustria	0	1	0	1
14º	Hungria	0	1	0	1

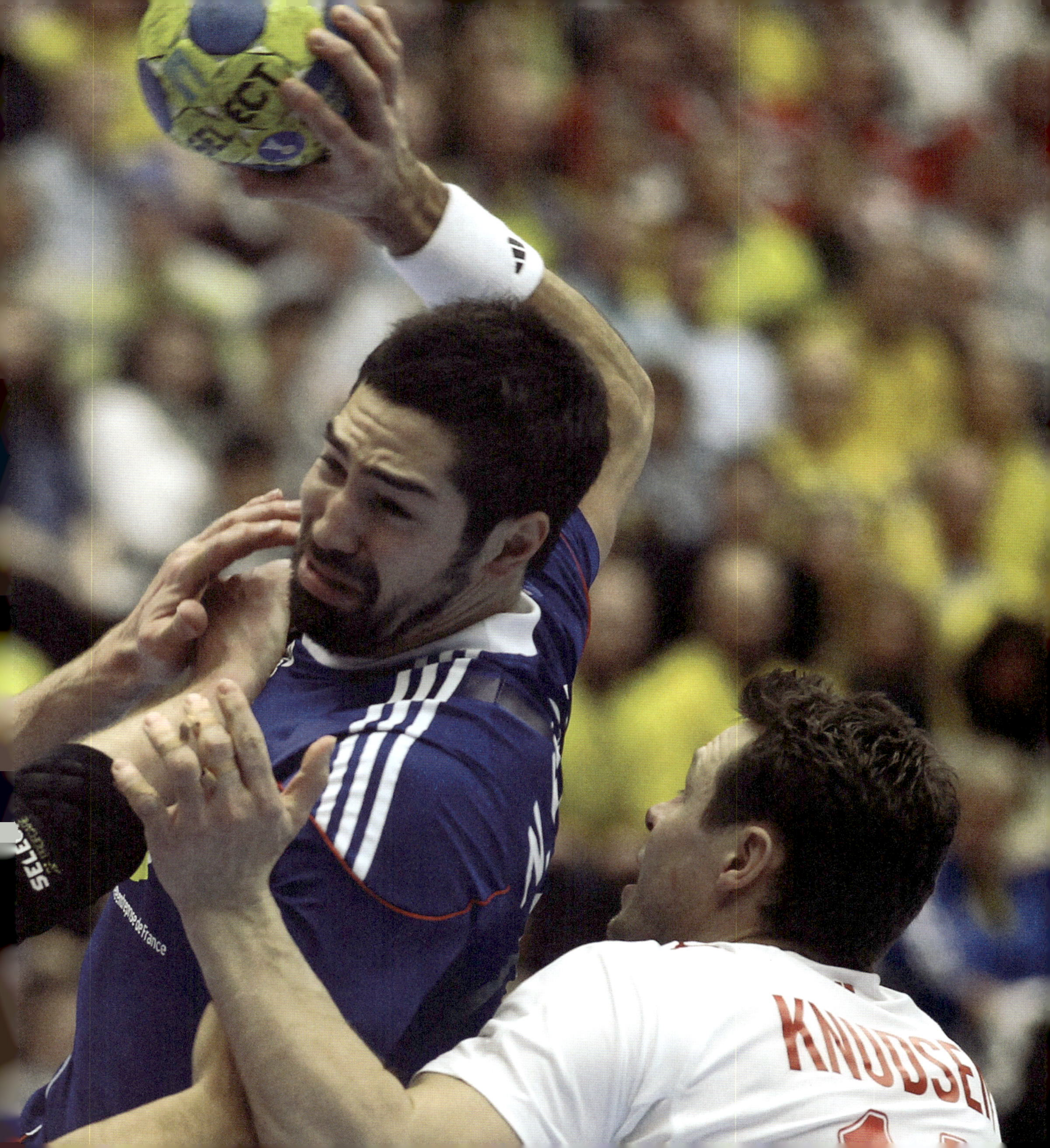
SELECT

BRASIL

64 DA ESCOLA PARA AS QUADRAS

Contra a campeã O brasileiro Alexandre Silva vence a marcação de Didier Dinart em jogo da primeira fase vencido por 44 a 26 pela França, que conquistou o ouro em Pequim/2008

DA ESCOLA PARA AS QUADRAS

As gerações de brasileiros que estudaram nas escolas públicas de algumas grandes cidades do Sul/Sudeste nas fervilhantes décadas de 1960 e 1970 não escaparam de uma febre nas aulas de Educação Física: os jogos de handebol. Até então, o esporte introduzido no Brasil pela colônia alemã por volta de 1930 ficara restrito a São Paulo, praticado no âmbito dos clubes fechados, entre os quais o principal era o Sport Club Germania, um dos redutos socioesportivos dos alemães da Capital, aberto também a descendentes de outras correntes migratórias e mais tarde rebatizado como Esporte Clube Pinheiros. Ali, o então presidente, Arthur Stickell, convidou um dos pioneiros do handebol no Brasil, Karl Stramm, criador do Turnerschaft von 1890 (o Ginástico Paulista, primeira associação da cidade a possuir um time de handebol), para fundar um departamento no clube da zona oeste que abrigasse o crescente número de adeptos do esporte alemão, na época disputado somente ao ar livre, em um campo de dimensões amplas, no período em que mais parecia um futebol jogado com as mãos e empregava também algumas noções de basquete quanto à dinâmica e à movimentação, mas com pinceladas estéticas próprias dos ginastas.

A conexão entre o handebol e o mundo estudantil tem forte influência do professor Auguste Listello, um francês de origem argelina que durante quase 30 anos manteve estreitos laços com o Brasil para divulgar o método que ficou conhecido como Educação Física Desportiva Generalizada. Em uma de suas inúmeras visitas ao País para promover palestras em torno de seu método, Listello apresentou detalhes do handebol de quadra em uma clínica ministrada na cidade de Santos, em 1954. Algumas bases da prática do esporte estavam ligadas à própria essência do método de Listello, que pregava uma preparação escalonada e periódica, privilegiando os exercícios de flexibilidade e desenvolvimento muscular, seguidos pelas práticas de flexibilidade e dosagem de energia, antes de aplicá-los às ações esportivas. Nesse contexto, o handebol já era considerado pelo acadêmico como um dos "laboratórios" ideais para a aplicação das novas formas de treinamento e construção física dos jovens e adolescentes, tanto com objetivos lúdicos quanto para questões voltadas à competição esportiva de alto rendimento.

O papel exercido por especialistas como Auguste Listello e a propagação do handebol por meio das colônias de imigrantes, especialmente a alemã, garantiram uma sustentação sólida para o esporte que ganhava adeptos na base, entre os jovens. Tanto é verdade que a criação das entidades de gestão da nova modalidade veio bem depois da efetiva prática em vários setores – escolas, clubes e associações esportivas –, indicando uma saudável inversão de expectativas em comparação com outros esportes mais dependentes das entidades reguladoras.

A popularização do handebol a partir de sua inclusão em jogos escolares e universitários levou à adoção oficial da modalidade pela Confederação Brasileira de Desportos (CBD), em 1971, com a criação de um departamento específico. Esse crescimento, que não era novidade em São Paulo, onde havia uma federação instituída (a primeira do País) desde a década de 1940, ganhou força em outros estados, que passaram a montar equipes para as disputas dos JEBs – Jogos Estudantis Brasileiros – e dos JUBs – Jogos Universitários Brasileiros. O primeiro campeonato brasileiro masculino foi organizado em 1976, quando os estados do Nordeste começaram a mostrar equipes fortes. Dois anos depois, surgiu o campeonato brasileiro feminino. Em 1979, no marco de fragmentação institucional da CBD, foi fundada a Confederação Brasileira de Handebol (CBHb) em um ato referendado pelas seis principais federações estaduais (São Paulo, Rio, Maranhão, Ceará, Rio Grande do Sul e Pernambuco), que logo conseguiram a adesão de outros estados. Ficou estabelecido que a sede seria em São Paulo e o primeiro presidente foi o professor da USP e ex-técnico da Seleção Brasileira Jamil André. Entre as críticas de setores do handebol brasileiro à gestão da modalidade estão os males do sistema de administração, que privilegia a continuidade, sem rotação no poder, como ocorre em várias confederações de esportes olímpicos. Até hoje, a CBHd teve apenas três presidentes, sendo que o atual, Manoel Luiz Oliveira, mantém-se no cargo há sete mandatos. Professor em Sergipe, Oliveira aprovou em assembleia geral a transferência da sede da entidade para Aracaju por razões financeiras.

TEMPO DE DESCOBERTAS

Os primeiros anos sob a administração da CBHd foram marcados por um lento processo de organização de poucos torneios devido à dificuldade de centralizar, em torno da entidade, as atividades dos clubes e os inúmeros eventos colegiais e regionais que se multiplicavam pelo País. Foi um processo de "federalização" de milhares de jogadores que ainda duraria algum tempo. Isso não impediu que fossem formadas seleções para disputas esporádicas com os adversários sul-americanos, até que, em 1987, o Brasil conseguiu enviar equipes, tanto no masculino quanto no feminino, para os Jogos Pan-Americanos de Indianápolis. As duas equipes voltaram com a medalha de bronze, provando que o País tinha condições de ser uma referência a partir do momento que conseguisse

Decisão: O brasileiro Gil Pires defende contra o ataque de Sebastian Simonet na final masculina do Pan-Americano de 2011, em Guadalajara, com vitória argentina por 26 a 23

organizar torneios internos mais competitivos e tornar realidade o potencial revelado no meio estudantil. Em 1991, o Brasil começava a participar de campeonatos mundiais Júnior e, no ano seguinte, o time adulto masculino fazia sua estreia em Olimpíadas, terminando os Jogos de Barcelona na 12ª colocação, com um time que tinha entre os titulares alguns pioneiros como "SB" e Macarrão. Praticamente o mesmo grupo participou da Olimpíada de Atlanta/1996, conseguindo o 11º lugar.

No âmbito pan-americano, o Brasil conquistaria nesse período mais duas medalhas de prata no masculino em Cuba/1991 e Mar del Plata/1995, enquanto o time feminino estrearia na competição continental com a prata nos jogos da Argentina. A força do handebol feminino já chamava atenção, tanto que as mulheres fizeram sua estreia em campeonatos mundiais (1991, na França, 15º lugar) antes dos homens (1995, na Islândia, 21º).

A estruturação de uma Liga Nacional a partir de 1997 — com seis clubes no feminino e oito no masculino — foi um marco para o desenvolvimento do handebol no País, abrindo as portas para os patrocinadores e estimulando uma gestão mais profissional dentro dos clubes, ainda que se tratasse de um avanço relativo, até rudimentar em comparação com outros esportes. O cenário técnico a partir das disputas das Ligas, além de tudo, sedimentou a superioridade dos estados do Sul quanto ao predomínio de clubes já estabelecidos, embora a revelação de jogadores continuasse em outros centros, ainda de forma "artesanal", naqueles que seriam os eternos celeiros — os colégios de primeiro e segundo graus, tanto da rede pública quanto os particulares. Desde então — meados da década de 1990 — já havia um importante êxodo de valores, por exemplo, do Nordeste rumo ao Sul, especialmente São Paulo, que continuava dominando as disputas regionais.

Nos primeiros torneios femininos, a Liga Nacional ainda apresentou certo equilíbrio entre clubes como a Associação Atlética Guaru, de São Paulo, o Ulbra/Diadora, do Sul (campeão em 1998) e o forte Mauá/Universo, do Rio. No masculino, porém, a hegemonia da Metodista/São Bernardo foi esmagadora no início, ainda que tivesse rivais importantes como Pinheiros e Imes/São Caetano. A Metodista — principal fonte de jogadores para a Seleção Brasileira — conquistou sete dos oito primeiros títulos da Liga, entre 1997 e 2004, sendo derrotada apenas em 2003, justamente pelo seu vizinho do ABC paulista, o Imes/São Caetano. Das duas principais equipes brasileiras, Guaru no feminino e Metodista no feminino e no masculino, saíram justamente os jogadores que abririam uma nova era para o handebol do País, ao se transferirem para a Europa depois de se destacarem em torneios continentais. Na A.A. Guaru, depois de uma passagem pelo Ulbra, seria revelada a goleira Chana Masson, uma referência na posição que foi jogar no Elche, da Espanha. Entre os homens já se destacava, com sobras, aquele que se tornaria o maior jogador brasileiro em todos os tempos, o armador carioca Bruno Souza, transferido em 1999 da Metodista para o Frisch Auf Göppingen, da Alemanha.

BRUNO SOUZA (1977)

Maior jogador da história do handebol brasileiro, este carioca de Niterói foi o grande responsável pelo crescimento da visibilidade da modalidade desde princípios da década de 2000. Armador, cérebro e artilheiro do time brasileiro, esteve presente nas conquistas significativas, como no bicampeonato pan-americano (Santo Domingo/2003 e Rio 2007), nas Olimpíadas de Atenas e Pequim e em todos os mundiais. Jogou no Niterói Rugby Clube, fez a carreira decolar na Metodista/São Bernardo, mas chegou ao auge ao se transferir pouco antes da virada do milênio para o Frisch Auf Göppingen, da Alemanha. Foi Bruno o grande responsável pela ascensão da equipe à primeira divisão alemã e à evolução técnica dos anos seguintes na elite de um dos países mais importantes da modalidade, o que lhe valeu o título de terceiro melhor jogador do mundo em 2003. Também fez parte, por três temporadas consecutivas, da seleção mundial eleita pela federação internacional (FIH). Mais tarde transferiu-se para o Hamburgo e jogou também na Espanha e na França, até deixar as quadras e se transformar em assessor especial do Comitê Organizador dos Jogos Olímpicos do Rio/2016.

DA ESCOLA PARA AS QUADRAS

Em casa Lucila Silva sofre com a marcação da cubana Arassay Morens Duran na final feminina do Pan-Americano de 2007, no Rio, com vitória brasileira por 30 a 16

CONSOLIDAÇÃO E PODER FEMININO

A carreira europeia de atletas como Bruno Souza, que foi eleito em 2003 o terceiro melhor jogador do mundo e entrou em várias temporadas nas seleções dos destaques internacionais, ajudou a consolidar a superioridade do handebol masculino brasileiro nas Américas, onde a única adversária à altura sempre foi a Argentina. Mas a virada do século marcou um forte salto de qualidade também no handebol feminino, a ponto de o domínio continental ser massacrante, com quatro medalhas de ouro consecutivas em Jogos Pan-Americanos e ampla superioridade no ranking. O crescente processo de revelação de jogadores não parou mais, apesar do estancamento na formação de novos clubes, uma concentração regional cada vez mais centralizada em São Paulo, Rio (também graças ao handebol de praia) e nos estados do Sul. Nos primeiros 15 anos de disputa da Liga Nacional, São Paulo levou 13 títulos no masculino (os outros dois foram para o Paraná) e 11 no feminino (Rio ficou com três e Rio Grande do Sul com um título). Sem incentivo oficial para a criação de novas entidades e sem uma política mínima de descentralização, os milhares de jogadores e jogadoras que surgem principalmente no ambiente escolar em todo o País tinham sempre os mesmos destinos para seguir carreira nas quadras com uma estrutura razoável: o núcleo paulista (Guarulhos, região do ABC e Capital principalmente), Londrina (PR), Blumenau (SC), Canoas (RS) e Rio de Janeiro (Niterói e São Gonçalo principalmente).

Não é de estranhar que a saída natural para a mão de obra de qualidade que se formou nesse período fosse a Europa. O desempenho de Bruno Souza garantiu a Alemanha como um dos destinos preferidos, para onde foi por exemplo o ponta-direita paranaense Renato Tupan. A Espanha revelou-se um importante polo para os brasileiros, com vários clubes de prestígio abrindo as portas para jogadores como Felipe Borges, o goleiro Maik, Ales Abrão e o mineiro Thiagus Petrus. Entre as moças, então, o êxodo foi avassalador e com destinos dos mais variados, da Espanha à Áustria, da França à Eslovênia. Na trilha aberta pela goleira Chana, foram para a Espanha jogadoras como a central Lucila, Darly, também goleira, e Deonise. A pivô Dani Piedade praticamente descobriu para o handebol nacional o poderoso time austríaco Hypo Niederosterreich, que se transformou em uma filial brasileira nos últimos anos. Lá estiveram tanto jogadoras da primeira geração vencedora da seleção, como Daly Mesquita e a própria Dani, como o grupo que fez a transição na equipe nacional – Dara (depois de passar por Portugal e Espanha), Alexandra Nascimento e Deonise –, até chegar às mais novas, casos de Fê França, Ana Paula e Samira.

Outras atletas arriscaram voos mais diversificados. A ponta catarinense Duda Amorim jogou na Eslovênia antes de se transferir para o Györi Audieto KC, da Hungria, enquanto a paranaense Mayara Moura passou um período defendendo o Mios Miganos, da França, antes de se unir à legião brasileira do Hypo Niederosterreich, de Viena. No time feminino que disputou os Jogos de Londres/2012, 13 das 14 jogadoras atuavam no exterior – a única exceção foi a mais jovem do time, a paulista Jéssica, do Blumenau.

A boa imagem técnica criada pelos atletas brasileiros no exterior é prova de que existe qualidade técnica suficiente, cuja exploração adequada passa por uma reforma de gestão. Porém, mesmo no panorama de fragmentado aproveitamento do potencial brasileiro no handebol, por falta de sustentação à formação e aos clubes, as propostas para as seleções brasileiras avançaram de forma considerável nos últimos anos, graças também à importação de treinadores e métodos estrangeiros, por iniciativa da CBHb. Também nessa questão, a modalidade cresceu mais no feminino que no masculino. Depois de um ciclo satisfatório à frente da seleção masculina que foi aos Jogos Olímpicos de Pequim, o catalão Jordi Ribera foi substituído pelo também espanhol Javier Garcia Cuesta, que fracassou na sua tentativa de levar o Brasil a Londres/2012 e perdeu até mesmo a medalha de ouro no Pan-Americano de Guadalajara/2011 para a Argentina. Os resultados levaram a confederação a trazer Ribera de volta ao cargo, agora para cumprir um ciclo completo até o Rio/2016, com o objetivo principal de promover uma renovação de valores, ao mesmo tempo em que a pressão por resultados se apresenta ainda maior.

No feminino, com o técnico dinamarquês Morten Soubak, a evolução foi considerável. Com experiência em seleções jovens em seu país e também treinando equipes adultas – trabalhou com a goleira brasileira Chana quando estava no comando do FCK Kobenhavn –, Soubak chegou em meados da década de 2000 ao Brasil, foi campeão da Liga Nacional masculina à frente do Pinheiros e assumiu a seleção feminina em 2009 para realizar um trabalho com resultados animadores. Sob sua batuta, a equipe mesclada com jogadoras experientes e jovens de talento foi campeã dos Jogos Pan-Americanos de Guadalajara/2011, conquistou sua melhor classificação em mundiais (quinta colocada em São Paulo/2011) e ratificou sua ascensão com o sexto lugar na Olimpíada de Londres/2012, sendo que perdeu a vaga nas semifinais em uma derrota para a Noruega, bicampeã olímpica, que foi dominada pelo time brasileiro durante boa parte do jogo. Seu desempenho à frente do time brasileiro valeu o reconhecimento como segundo melhor técnico da temporada de 2012, em uma votação realizada pela Federação Internacional de Handebol (IHF). O primeiro posto ficou com Thorir Hergeirsson, técnico da Noruega, campeã olímpica e mundial.

O desempenho das seleções brasileiras no século XXI, em especial a feminina, o grande número de jovens revelados nas competições escolares e a febre olímpica no âmbito do Rio/2016 também pressionam, e muito, a CBHb por uma modernização nas formas de gestão da modalidade. Em um país com 26 federações constituídas, além da do Distrito Federal, e que tem perto de 30 mil jogadores federados e mais de 250 mil praticantes reconhecidos, é possível projetar metas bem ambiciosas no curto prazo e mesmo pensar em desafiar a supremacia técnica absoluta do centro-norte europeu. Estar entre os oito ou dez melhores times do mundo para o Brasil de hoje não basta.

Com folga Por 33 a 15, o Brasil de Ana Paula Rodrigues vence a Argentina de Luciana Mendoza e conquista o ouro na final feminina do Pan-Americano de Guadalajara

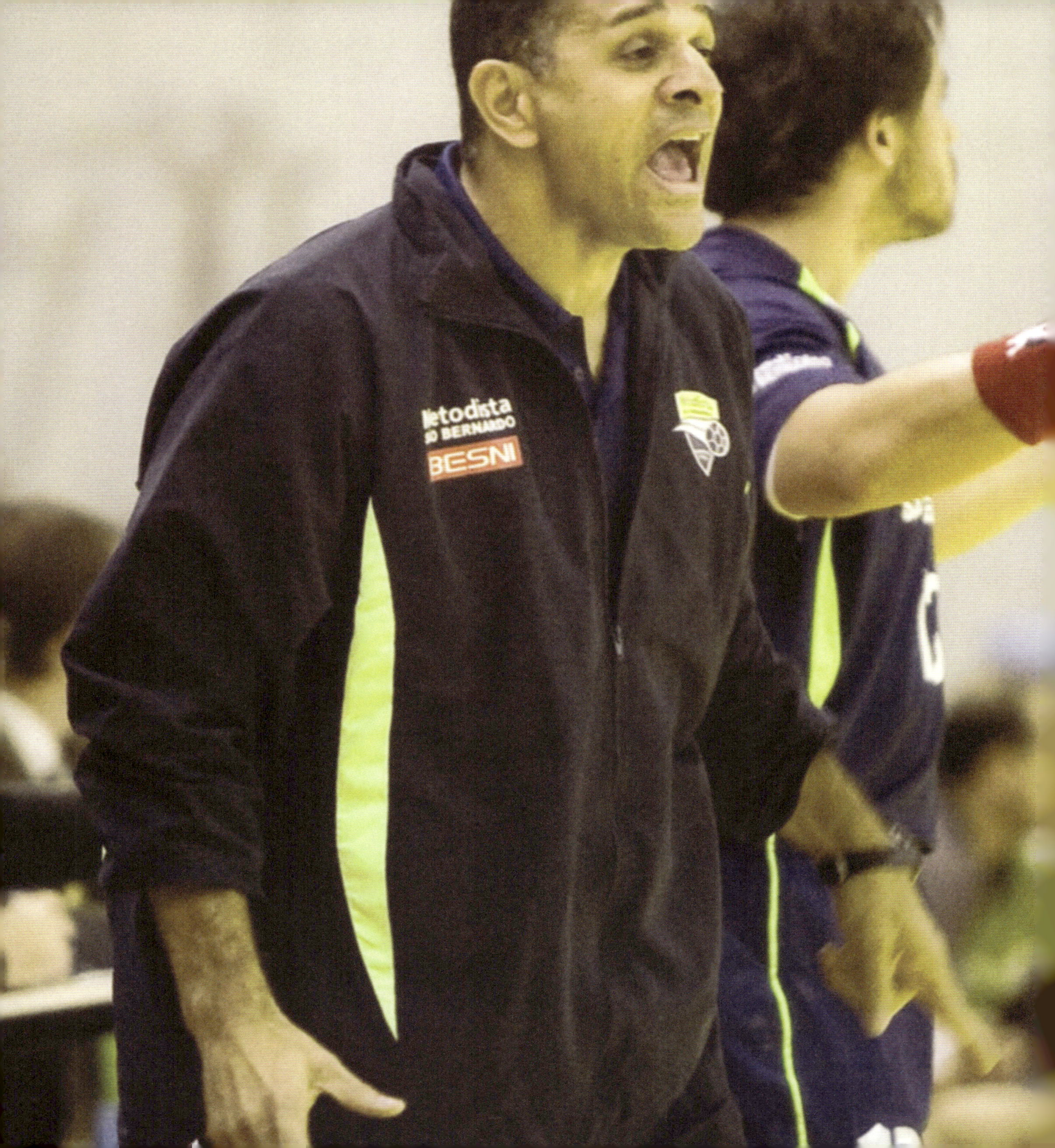
BESNI

JOSÉ RONALDO "SB" DO NASCIMENTO (1966)
Sergipano de Aracaju, oriundo da escolinha do Sesi, fez história na Seleção Brasileira a ponto de assumir o apelido "SB", justamente as iniciais da equipe nacional. Disputou três Olimpíadas (Barcelona/1992, Atlanta/1996 e Atenas/2004) e foi quatro vezes medalhista em Jogos Pan-Americanos – bronze em Indianápolis/1987, prata em Havana/1991 e Mar del Plata/1995, ouro em Santo Domingo/2003. Um dos ícones do time da Metodista/São Bernardo como atleta e depois treinador, jogou antes de sua trajetória paulista na cidade de Chapecó (SC) e, em suas quase duas décadas a serviço da Seleção Brasileira, disputou quatro campeonatos mundiais. É também professor de Educação Física.

GALERIA MASCULINO

HÉLIO JUSTINO (1972)

Mais um jogador revelado em competições escolares (Jogos da Primavera), este sergipano de Aracaju conheceu o handebol nas escolinhas do Sesi em sua cidade e fez carreira em São Paulo na fortíssima Metodista/São Bernardo, depois de uma rápida passagem pelo Paraná. Ponta-esquerda ágil e artilheiro, teve grandes atuações em sua longa trajetória pela Seleção Brasileira. Helinho disputou duas Olimpíadas, Atenas/2004 e Pequim/2008, foi medalha de prata no Pan de Winnipeg/1999 e ouro em Santo Domingo/2003 e disputou três campeonatos mundiais.

IVAN "MACARRÃO" MAZIERO (1969)

Um dos decanos da equipe olímpica brasileira, esteve na primeira seleção que participou dos Jogos, em Barcelona/1992, e foi também destaque nas campanhas de Atlanta/1996 e Atenas/2004, quando já tinha 35 anos. Central de 1,81 metro, nascido em Joaçaba (Santa Catarina), foi condutor do célebre time da Metodista/São Bernardo, onde conquistou o hexacampeonato brasileiro. Após a aposentadoria como jogador, passou a trabalhar como técnico das equipes de base do Brasil.

EDUARDO HENRIQUE "MINEIRO" DOS REIS (1970)

Nascido em Belo Horizonte, conhecido como "Mineiro", começou a praticar handebol aos 15 anos nas equipes escolares e, aos 17, mudou-se para São Paulo para seguir carreira. Foi um dos nomes de destaque da forte equipe do Imes/São Caetano. Lateral-direito, defendeu a Seleção Brasileira nas campanhas pan-americanas de Mar del Plata/1995 (medalha de prata) e Santo Domingo/2003 (ouro), além de ter participado dos Jogos Olímpicos de Atenas/2004 e de três campeonatos mundiais.

AGBERTO MATOS (1972)

Nascido em Santos, vinculado em boa parte de sua carreira ao Metodista de São Bernardo do Campo, este meia-armador-esquerdo começou a jogar aos 10 anos da mesma forma que 90% dos jogadores brasileiros: no colégio. Teve passagem consistente pela Seleção Brasileira, disputando quatro mundiais e duas Olimpíadas (Atlanta/1996, 11º lugar, e Atenas/2004, 10º lugar). Foi seis vezes campeão nacional, bicampeão sul-americano e medalha de prata no Pan-Americano de Mar del Plata/1995.

DANIEL BALDACIN (1977)

Pivô de força, com 1,90 metro, excelente jogador de defesa, o paulistano "Balda" traz o handebol no DNA: é filho de Santo Baldacin Neto, um dos pioneiros da popularização da modalidade a partir da segunda metade da década de 1960. Medalha de prata no Pan-Americano de 1999 (Winnipeg), também esteve na campanha que garantiu o ouro no Pan de Santo Domingo/2003. Disputou ainda dois mundiais e a Olimpíada de Atenas/2004, onde o Brasil terminou em 10º lugar. Ex-jogador da Metodista/São Bernardo, foi hexacampeão nacional e tetra da Copa do Brasil.

ALÊ VASCONCELOS (1978)

Com 1,94 metro, este paranaense de Maringá fez história como goleiro da Seleção Brasileira ao estar presente em três campanhas pan-americanas que levaram o País ao pódio: prata em Winnipeg/1999 e ouro nas duas edições seguintes, Santo Domingo/2003 e Rio/2007. Foi, principalmente, um dos destaques na participação brasileira na Olimpíada de Atenas, melhor desempenho do País na história dos Jogos. Na partida contra a Hungria, que venceu o Brasil apenas por um gol de diferença, defendeu dois tiros de 7 metros. Uma lesão prejudicou sua participação em Pequim/2008. Começou a jogar aos 10 anos, seguindo o exemplo da irmã mais velha, mas precisou ser persistente para seguir no esporte em função das dificuldades econômicas da família. Viveu o auge de sua carreira no Imes/São Caetano e em seguida na Metodista/São Bernardo.

LÉO BORTOLINI (1977)

Armador central, nascido na cidade paranaense de Campo Mourão, tem 15 anos de serviços prestados à Seleção Brasileira, muito tempo como capitão. Participou da campanha vitoriosa no Pan-Americano do Rio de Janeiro/2007, mas também subiu ao pódio em Winnipeg/1999 (prata) e Guadalajara/2011 (prata). Também esteve no grupo que disputou a Olimpíada de Pequim/2008. Jogou em Maringá, teve passagem pelo Pinheiros e vários convites para jogar no exterior, antes de voltar ao Paraná para jogar no Unopar/Londrina. Várias lesões atrapalharam sua carreira, algumas bastante graves, nos joelhos, em 2002, 2005 e 2007.

GALERIA

JAQSON LUIZ KOJOROSKI (1979)
Catarinense da cidade de Descanso, 1,92 metro, este lateral-esquerdo esteve nas principais campanhas da Seleção Brasileira na primeira década do século XXI como jogador do Imes/São Caetano, da Metodista/São Bernardo e, já aos 33 anos, do time de Foz do Iguaçu. Nos 12 anos em que serviu à Seleção Brasileira, foi bicampeão dos Jogos Pan-Americanos (Porto Rico/2003 e Rio/2007) e medalha de prata nos Jogos de Guadalajara/2011. Explosivo e genioso, foi um dos principais artilheiros do Brasil nos Jogos Olímpicos de Atenas/2004, mas ficou de fora em Pequim/2008, devido a uma suspensão por doping.

RENATO TUPAN RUY (1979)
Paranaense de Maringá, começou a jogar aos 9 anos, mas assumiu de vez o handebol somente aos 13, quando começou a desenvolver duas habilidades como ponta-direita ágil e de grande habilidade. Estreou na Seleção Brasileira em 1996, ainda no time juvenil, aos 21 anos subiu para a equipe principal, quando já havia passado um período defendendo o Clube Pinheiros, de São Paulo, para onde se transferiu definitivamente no ano 2000. Participou de todas as campanhas importantes desde então, as conquistas das medalhas de ouro nos Jogos Pan-Americanos de Santo Domingo/2003 e Rio/2007, as campanhas olímpicas em Atenas/2004 e Pequim/2008, além de seis campeonatos mundiais. Passou sete anos na Alemanha, onde começou em times menores até chegar aos fortes Wilhelmshaven e TuS N-Lübbecke. Deixou a Seleção Brasileira em 2011.

MAIK FERREIRA DOS SANTOS (1980)
Na família deste paulistano da gema, nascido no bairro do Belém, não basta jogar handebol, é preciso ser goleiro. Como ele, o irmão Marcão, quatro anos mais velho, defendeu o gol da Seleção Brasileira por vários anos (foi campeão no Pan-Americano de Santo Domingo/2003), e a irmã Vanessa também escolheu a modalidade e a posição para fazer carreira. Os três passaram por um projeto de sucesso desenvolvido pela Metodista em São Bernardo do Campo. Nem tão alto como a média dos goleiros, tem 1,80 metro, compensa com uma técnica apuradíssima, ótima colocação e reflexos rápidos, virtudes que começou a desenvolver desde garoto, aos 12 anos, quando começou a jogar numa escola da zona leste de São Paulo. Foi eleito o melhor goleiro do Mundial de 2001, chegou a atuar na Espanha e em 2006 transferiu-se para o Pinheiros. Disputou seis campeonatos mundiais e a Olimpíada de Pequim/2008.

BRUNO SANTANA (1982)

Com apenas 16 anos, este armador central natural de Olinda, que começou a praticar handebol na escola quando garoto, já recebia o título de melhor jogador de Pernambuco, após um ano perfeito em que foi artilheiro máximo do Estado e também maior goleador do Campeonato Brasileiro Cadete. A carreira de Bruno deslanchou de vez com a mudança para o Sul em 1999. Construiu grande parte de sua história no Pinheiros, que considera sua segunda casa. Foi capitão e cérebro da Seleção Júnior antes de chegar ao time principal do Brasil, onde disputou sua primeira Olimpíada (Atenas/2004) aos 22 anos e abriu caminho para conquistar seu lugar definitivo. Esteve também em Pequim/2008, participou da campanha vitoriosa do Pan-Americano do Rio/2007 e da conquista da medalha de prata no Pan de Guadalajara/2011. Formado em Fisioterapia, fez o curso motivado por uma grave contusão no quadril, em 2005.

FELIPE BORGES (1985)

Este ponta-esquerda de grande agilidade e presença física nasceu em São Bernardo do Campo. Chegou à seleção muito jovem e, aos 22 anos, teve grande participação na conquista da medalha de ouro nos Jogos Pan-Americanos do Rio/2007, depois de ter recebido o título de melhor do ano, o Prêmio Brasil Olímpico, do COB (Comitê Olímpico Brasileiro). Disputou quatro mundiais, esteve na Olimpíada de Pequim/2008 e voltou ao pódio em Guadalajara/2011. Tido como sucessor de Bruno Souza, ainda em 2007 aceitou uma proposta do handebol da Espanha, onde aperfeiçoou seu estilo de jogo agressivo e eficiente também no setor defensivo. Transformou-se em um dos principais jogadores do Reale Ademar León e consolidou sua posição como um dos líderes da Seleção Brasileira.

ALES ABRÃO (1986)

De Itajaí, Ales possui um diferencial para um pivô no handebol: em que pese sua altura de 2,02 metros, tem agilidade e sabe usar seu porte físico também nas funções defensivas. Como tantos garotos, começou a jogar aos 11 anos e nunca mais parou. De Santa Catarina foi transferido para São Caetano, no ABC paulista, e seu desempenho já chamava a atenção de clubes europeus. Em 2009, foi para a Espanha, contratado pelo Naturhouse, da cidade de Logroño, onde aperfeiçoou seu jogo, o que consolidou seu lugar na Seleção Brasileira. Disputou três mundiais e foi medalha de prata nos Jogos Pan-Americanos de Guadalajara/2011.

VINÍCIUS TEIXEIRA (1988)

Capixaba nascido em Linhares, é mais uma revelação do handebol vencedor da Metodista/São Bernardo. Pivô de 1,88 metro, ganhou experiência nas seleções juvenil e júnior até chegar ao time adulto que disputou o Mundial da Suécia, em 2011. Foi campeão pan-americano de clubes pela Metodista e esteve na seleção que subiu ao pódio nos Jogos Pan-Americanos de Guadalajara/2011, para receber a medalha de prata. É nome certo para os próximos anos, dentro do processo de renovação do time brasileiro.

FERNANDO "ZEBA" PACHECO (1983)

Nos passos de seu célebre conterrâneo Bruno Souza, o niteroiense Zeba conheceu o handebol no colégio, passou pelo Rugby Niterói (mesmo clube de Bruno), jogou no Vasco e se transferiu para São Caetano em 2003, quando já havia se destacado na Seleção Brasileira de Juniores, levando o clube do ABC paulista à conquista da Liga Nacional. Armador lateral-direito de 1,90 metro, com excelente visão de jogo, transferiu-se em 2007 para o Pinheiros, onde a carreira decolou de vez. Foi medalha de ouro no Pan do Rio/2007, prata em Guadalajara/2011, disputou a Olimpíada de Pequim e quatro campeonatos mundiais como titular da seleção.

THIAGUS PETRUS (1989)

Um dos principais nomes da nova geração de jogadores brasileiros, este mineiro de Juiz de Fora, que atua como armador esquerdo, chamou a atenção dos técnicos desde os times de base e se destacou no Mundial Júnior, em 2009, a ponto de garantir um lugar no time adulto no Mundial de 2011. Com 1,98 metro, agressivo, com ótima projeção e eficiente também na defesa, foi um dos principais jogadores da equipe que ficou com a medalha de prata no Pan de Guadalajara/2011. Suas atuações nos torneios internacionais o levaram a se transferir do Pinheiros para o Naturhouse, de Logroño, na Espanha, onde joga ao lado do também brasileiro Ales Abrão.

DANI PIEDADE (1979)

Destaque da Seleção Brasileira, eficiente como ponta e principalmente como pivô, esta paulista da Capital, de 1,75 metro, seguiu os passos de Chana ao se transferir, ainda jovem, de Jundiaí, onde jogava, para a Áustria e fez história defendendo o time mais brasileiro daquele país, o Hypo Niederösterreich. Tricampeã pan-americana (Santo Domingo/2003, Rio/2007 e Guadalajara/2011), foi um dos nomes mais importantes nas três últimas Olimpíadas (Atenas, Pequim e Londres). Disputou os Jogos de Londres com 33 anos, fazendo, ao lado de Chana e Dara, o trio com mais experiência do elenco brasileiro. Logo após a competição britânica, sofreu um AVC quando jogava pelo seu novo time, o Krim Ljubljana, da Eslovênia, mas conseguiu boa recuperação.

GALERIA FEMININO

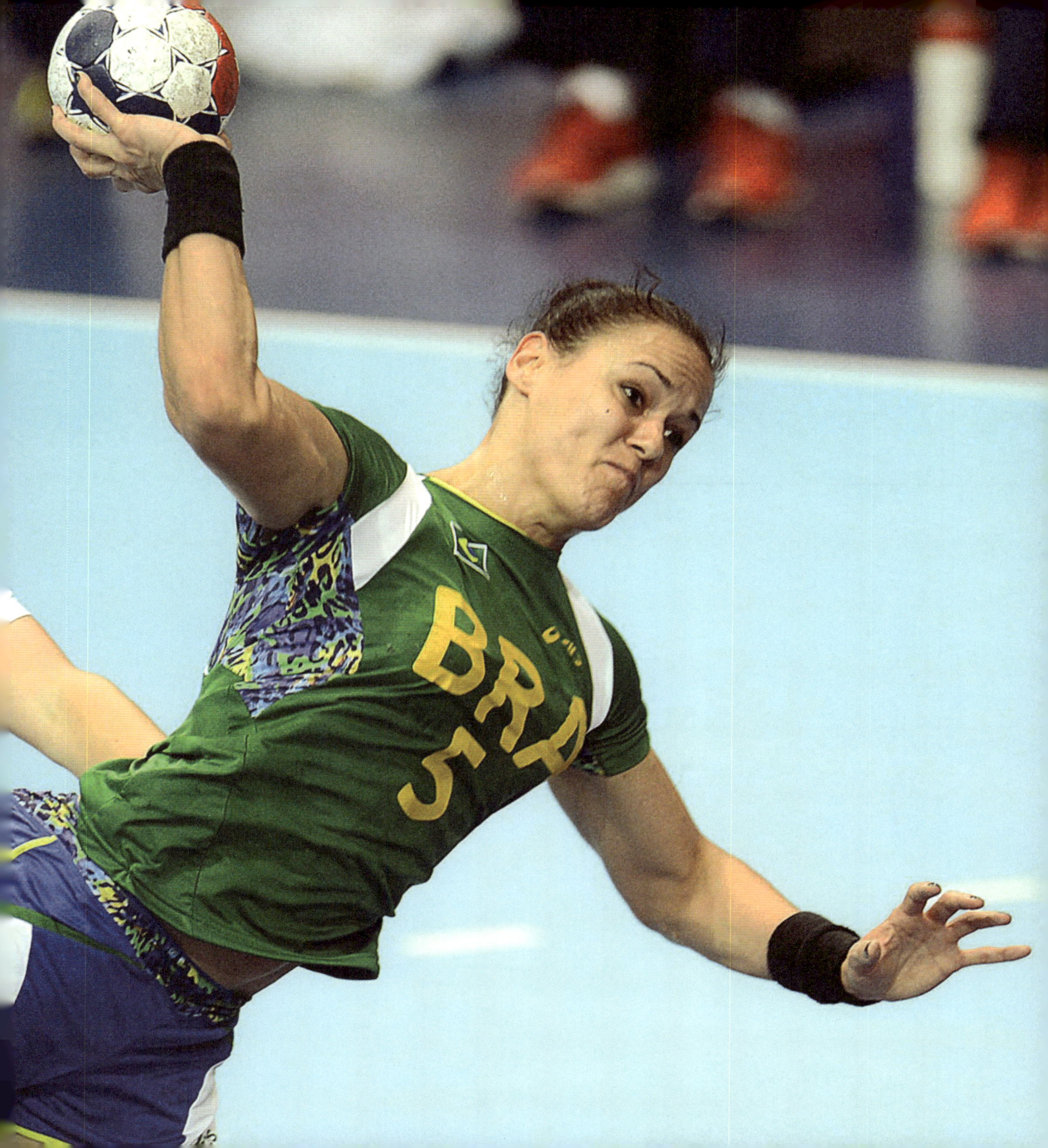
BRA
5

MARGARETE "MEG" PIORESAN (1956)

Paranaense de Toledo, Meg é um caso raro de dedicação e versatilidade numa atleta brasileira. Começou no handebol aos 19 anos, quando estudava na Universidade Estadual de Maringá, no curso de Educação Física. Jogou pela Seleção Universitária, mudou-se para o Rio e foi convocada para a Seleção Brasileira em 1983. Paralelamente, jogava futebol pelo famoso clube Radar, do Rio. Medalha de bronze nos Jogos Pan-Americanos de Indianápolis/1987, seguiu no handebol até 1989 e chegou a disputar alguns torneios sul-americanos e um Mundial, na Bulgária. Mas optou enfim pelo futebol, onde construiu uma carreira longa e vitoriosa como titular da Seleção Brasileira.

MARGARIDA CONTE (1966)

Paulista da Capital, remanescente dos primeiros anos do handebol amador, tinha 33 anos quando ganhou a medalha de ouro no Pan-Americano de Winnipeg/1999, em companhia de parte da geração que faria história na década seguinte. Goleira apesar da baixa estatura (1,62 metro), Meg Conte tinha sido medalha de bronze no Pan de Mar del Plata e fez parte do time da Associação Atlética Guaru, quatro vezes campeão nacional na passagem da década de 1990/2000. Foi a equipe que serviu de base para a Seleção Brasileira Feminina que disputou sua primeira Olimpíada, em Sydney/2000, na qual Meg compartilhava a posição de goleira com Chana Masson e Fátima Loureiro.

ZEZÉ SALES (1969)

Esta carioca tem lugar de destaque no grupo que consolidou o handebol feminino do Brasil nos primeiros torneios internacionais. Campeã pan-americana em Winnipeg/1999, a armadora Zezé também esteve na equipe que participou da Olimpíada de Sydney. Teve uma consistente carreira jogando pelo Mauá/Universo antes de partir para o handebol de praia, que compartilhou alguns anos com a quadra e onde foi bicampeã mundial. Seu esforço para promover a nova modalidade deu resultados efetivos a ponto de ela criar uma equipe própria, a Z5.

IDALINA "DALY" MESQUITA (1976)

Poucas jogadoras tiveram uma carreira tão consistente na Seleção Brasileira quanto esta carioca de São Gonçalo, que começou a jogar aos 15 anos e fez história em clubes como Mauá e A.A. Guaru. Armadora e ponta-esquerda tricampeã pan-americana (Winnipeg, Santo Domingo e Rio de Janeiro), participou de três campanhas olímpicas (Sydney/2000, Atenas/2004 e Pequim/2008) e disputou sete mundiais com a camisa do Brasil. Seu desempenho e experiência internacional garantiram propostas do handebol europeu, onde fez sucesso na Alemanha e pelo forte time austríaco que se transformou em reduto brasileiro, o Hypo Niederosterreich. É formada em Educação Física.

MEG MONTÃO (1971)

Ex-modelo, formada em Nutrição, Margareth Montão fez história como armadora na Seleção Brasileira e nos grandes clubes por onde passou – Osasco, Mauá/São Gonçalo, São Bernardo. Nascida em Belém, foi jogadora e modelo ao mesmo tempo, mas abandonou a carreira nas passarelas aos 24 anos, depois de ter sido eleita Miss Pará. Chocada com um episódio de preconceito racial, resolveu se dedicar exclusivamente ao esporte e mudou-se para São Paulo. Bicampeã pan-americana (Winnipeg/1999 e Santo Domingo/2003), serviu a seleção durante uma década, participou de duas Olimpíadas, Sydney/2000 e Atenas/2004, e de quatro campeonatos mundiais.

LUCILA VIANNA DA SILVA (1976)

Armadora central naquele grupo de desbravadoras que conduziram o Handebol feminino do Brasil na virada do século, esta carioca de Nova Iguaçu participou de todas as conquistas da Seleção Brasileira a partir do Pan de Winnipeg/1999, título que ajudou a revalidar nos dois torneios seguintes, em Santo Domingo e no Rio. Líder natural, transformou-se em capitã do time e teve participação importante em três olimpíadas – Sydney, Atenas e Pequim. Jogou em Guarulhos e em Jundiaí, foi para Espanha, onde atuou no León Balonmano, e ainda teve tempo de se formar em Educação Física. Começou a jogar ainda quando garota, inspirada nas irmãs, que também eram adeptas do Handebol nos tempos de colégio.

VIVIANE JACQUES (1977)

Mais uma integrante da geração 2000, carioca de São Gonçalo, Vivi começou a jogar aos 14 anos e fez carreira atuando por Rugby Niterói, Mauá, São Bernardo, A. A. Guaru e Orsan Prestígio, da cidade espanhola de Elda, onde se transformou em ídolo do torcida. Ponta-direita de 1,70 metro, bastante leve e ágil, esteve na equipe tricampeã dos Jogos Pan-Americanos (Winnipeg, Santo Domingo e Rio) e participou de três Olimpíadas (Sydney, Atenas e Pequim). Depois dos Jogos da China anunciou sua aposentadoria da Seleção Brasileira.

CHANA MASSON (1978)

Catarinense de Capinzal, esta goleira de 1,83 metro é uma legenda do handebol brasileiro não só pela folha de serviços prestados à seleção mas por seu desempenho em clubes estrangeiros, abrindo as portas para as gerações que se seguiram. Em seu primeiro título pela seleção adulta – a medalha de ouro no Pan de Winnipeg/1999 – já havia chamado a atenção por defender seis tiros de 7 metros na final do torneio, mas era apenas o início de uma trajetória vitoriosa, marcada por outros três títulos pan-americanos (Santo Domingo/2003, Rio/2007 e Guadalajara) e pela disputa de quatro edições dos Jogos Olímpicos (Sydney, Atenas, Pequim e Londres). Carismática, líder natural, transferiu-se em 2000 para o handebol europeu, onde logo na primeira temporada foi vice-campeã continental defendendo o Ferrobus Mislata, da Espanha. Jogou também na Alemanha e na Dinamarca, onde foi eleita a melhor goleira de 2010, já com 32 anos.

ALINE "PARÁ" ROSAS (1979)

Estimulada pela irmã e por uma bolsa de estudos que exigia a prática de um esporte, escolheu o handebol muito nova. Aos 15 anos, mudou de sua terra natal, João Pessoa (PA), para o interior de São Paulo (Mirassol), onde morou em uma república. Ponta-esquerda agressiva e artilheira, jogou por equipes fortes como Guarulhos, São Bernardo e Blumenau, foi bicampeã pan-americana pela seleção (Santo Domingo/2003 e Rio/2007) e disputou duas Olimpíadas, Atenas/2004 e Pequim/2008.

DARLY DE PAULA (1982)

Mineira de Ponte Nova, 1,78 metro, Darly tem sido a sombra de Chana, com quem revezou durante muitos anos no gol da Seleção Brasileira. Melhor jogadora do Mundial Júnior de 2001, na seleção adulta foi bicampeã pan-americana (Santo Domingo/2003 e Rio/2007) e participou de duas Olimpíadas (Atenas e Pequim). Seu desempenho na seleção assegurou uma consistente carreira internacional, primeiro na Espanha (defendendo Murcia e Bera Bera) e principalmente na França, como goleira titular do Le Havre. Disputou quatro mundiais pela Seleção Brasileira.

DEONISE CAVALEIRO (1983)

A carreira internacional desta gaúcha de 1,80 metro, nascida em Santa Rosa, decolou praticamente ao mesmo tempo que seu sucesso na seleção adulta, onde chegou em 2006, depois de disputar vários torneios internacionais pelo time júnior. Sua adesão ao handebol, ainda garota, veio por meio da irmã, quando a família morava em Ivaí, Paraná. Ainda adolescente, mudou-se para Cascavel, depois defendeu o Ulbra de Pelotas até acertar com a forte Metodista/São Bernardo, onde conquistou seus primeiros títulos importantes. A chegada à seleção coincidiu com a transferência para a Espanha, onde jogou no León Balonmano e no Itaxako Navarra, antes de ir para o Hypo Niederösterreich, da Áustria. Pela seleção, a armadora foi bicampeã pan-americana (Rio e Guadalajara), disputou duas Olimpíadas (Pequim e Londres) e dois mundiais, entre eles o do Brasil em 2011.

FABIANA "DARA" DINIZ (1981)

Paulista de Guaratinguetá, pivô que equilibra força e técnica, Dara é um dos símbolos da maturidade mostrada pelo handebol feminino brasileiro a partir dos anos 2000, quando começou na seleção, ainda juvenil. Peça importante da conquista do tricampeonato pan-americano (Santo Domingo/2003, Rio/2007 e Guadalajara/2011), também teve presença importante nas campanhas olímpicas do país em Atenas, Pequim e Londres, onde foi capitã, aos 31 anos. Começou a jogar nas competições escolares, aos 11 anos, e atuou por equipes de peso com Osasco e Mauá/São Gonçalo, passou pelo handebol português e pela Espanha e, mais recentemente, transferiu-se para o forte Hypo Niederösterreich, da Áustria. No Mundial de 2011, disputado no Brasil, foi uma das condutoras da equipe que conquistou o quinto lugar. Seu maior sonho é estar na equipe brasileira para a Olimpíada do Rio/2016.

MAYARA MOURA (1986)

Com mãe ex-atleta e pai treinador de handebol, ficou fácil para esta paranaense de Arapongas escolher um esporte para praticar, ainda garota. O mais surpreendente, desde as categorias de base, são a eficiência e a técnica apurada que sempre mostrou em se tratando de uma jogadora com 1,68 metro que atua numa posição reservada às gigantes – armadora central. No entanto, desde que chegou ao Adeblu/Furb, de Santa Catarina, Mayara mostrou que podia fazer mais e se tornou a maior goleadora da equipe, compensando, assim, algumas deficiências defensivas. Foi o que a levou às seleções juvenis do Brasil, onde se sagrou bicampeã pan-americana, e em seguida ao time adulto, onde foi medalha de ouro no Pan-Americano de Guadalajara/2011, quinta colocada no Mundial de São Paulo e com lugar garantido no time que disputou a Olimpíada de Londres/2012. Então, já com uma carreira consolidada, jogava pelo Mios Biganos, da França, depois de passar pelo forte São Bernardo.

ANA PAULA RODRIGUES (1987)

Não foi uma decisão fácil para esta maranhense de São Luís deixar a família aos 14 anos para se aventurar no handebol de São Paulo. Manteve o primeiro contato com a modalidade quando brincava de capoeira na escola e foi convencida por uma amiga. Contratada pelo Guarulhos, apesar das dificuldades pessoais e da distância da família, teve um início de carreira consistente, foi campeã sul-americana e pan-americana júnior, o que a levou como caçula da delegação brasileira à Olimpíada de Pequim/2008, aos 20 anos. Armadora central com ótima visão de jogo, goleadora e agressiva, chamou rapidamente a atenção do handebol europeu, primeiro jogando pelo Elche, da Espanha, e depois no Hypo, da Áustria. Esteve em todas as competições importantes desde então. Foi medalha de ouro no Pan-Americano de Guadalajara/2011, quinta colocada no Mundial de São Paulo/2011 e jogou sua segunda Olimpíada em Londres/2012.

EDUARDA AMORIM (1986)

Aos 12 anos, vendo a irmã Ana (que esteve na Olimpíada de Atenas) jogar na escola, Duda Amorim descobriu que o handebol poderia ser importante em sua vida. Catarinense de Blumenau, ponta-esquerda rápida, forte e agressiva, com 1,86 metro, começou a decolar na carreira ao transferir-se junto com a irmã para a Metodista/São Bernardo, em 2002, mesmo ano em que estreou na Seleção Cadete. Em 2006 iniciou sua trajetória na seleção adulta e sua aventura no exterior – foi jogar na Macedônia, pelo Kometal. Bicampeã pan-americana (Rio e Guadalajara), disputou duas Olimpíadas (Pequim e Londres) e esteve na equipe quinta colocada no Mundial de São Paulo, em 2011. Desde 2009 está no handebol húngaro, defendendo o Györi Audieto KC. É nome certo para a Olimpíada do Rio/2016.

GALERIA

FERNANDA FRANÇA (1989)

Nascida em São Bernardo, no ABC paulista, um dos berços sagrados do handebol brasileiro, é a cara da renovação do Brasil na modalidade. Ponta-esquerda de 1,77 metro, conquistou vários títulos como juvenil e, já na seleção adulta, foi medalha de ouro no Pan de Guadalajara/2011, quinta colocada no Mundial de 2011 e esteve no grupo que disputou a Olimpíada de Londres. É um dos destaques da brigada brasileira que defende o Hypo Niederösterreich, da Áustria.

SAMIRA ROCHA (1989)

Na Seleção Brasileira renovada, montada pelo técnico dinamarquês Morten Soubak, há um lugar assegurado para esta pernambucana. Ponta-esquerda ágil, fundamental nos contra-ataques e com instinto goleador, Samira começou a jogar na escola, aos 14 anos, e decolou na carreira quando se transferiu para o Santa Feevale (RS) e, em seguida, para o UCF Concórdia (SC). Mais tarde, já defendendo a Metodista/São Bernardo e convocada sistematicamente para a seleção, chamou a atenção do Hypo, da Áustria, para onde se transferiu. Medalha de ouro no Pan de Guadalajara/2011, esteve nas campanhas brasileiras no Mundial de São Paulo e na Olimpíada de Londres.

JÉSSICA QUINTINO (1991)

Aos 8 anos, esta paulistana já adotava o handebol na escola municipal em que estudava na zona norte da Capital. Canhota de 1,71 metro, chamava a atenção nas aulas de Educação Física e não foi difícil, na adolescência, conseguir uma equipe para treinar. Passou por Corinthians, Guarulhos e São Bernardo antes de se transferir, já como jogadora das seleções de base, para o AD Blumenau/Furb, de Santa Catarina. Inspirando-se na titular de sua posição, a ponta-direita Alexandra, estreou na seleção adulta com a medalha de ouro em Guadalajara/2011, esteve no Mundial de São Paulo e era uma das novatas na equipe que disputou a Olimpíada de Londres/2012. É outro símbolo da renovação na seleção feminina.

ALEXANDRA NASCIMENTO (1981)

Eleita pela IHF a melhor jogadora do mundo em 2012, rápida e agressiva, com perfil ideal para uma ponta-direita, esta paulista de Limeira, que começou a jogar aos 10 anos na escola em que estudava em Vila Velha (ES), onde a família morava, gosta principalmente de marcar gols. Na seleção ou no clube onde fez história, o austríaco Hypo Niederösterreich, sua vocação de artilheira sempre chamou atenção. De volta a São Paulo com 19 anos, em 2000, esteve em todas as conquistas da Seleção Brasileira, do tri pan-americano (Santo Domingo/2003, Rio/2007 e Guadalajara/2011) ao quinto lugar no Mundial do Rio/2011, passando por três Olimpíadas – Atenas, Pequim e Londres. No Hypo desde 2004, é um símbolo do sucesso brasileiro e, junto com Dara Diniz, abriu um novo mercado para muitas jogadoras, como Fernanda Silva, Mayara Moura e Deonise Cavaleiro, entre outras.

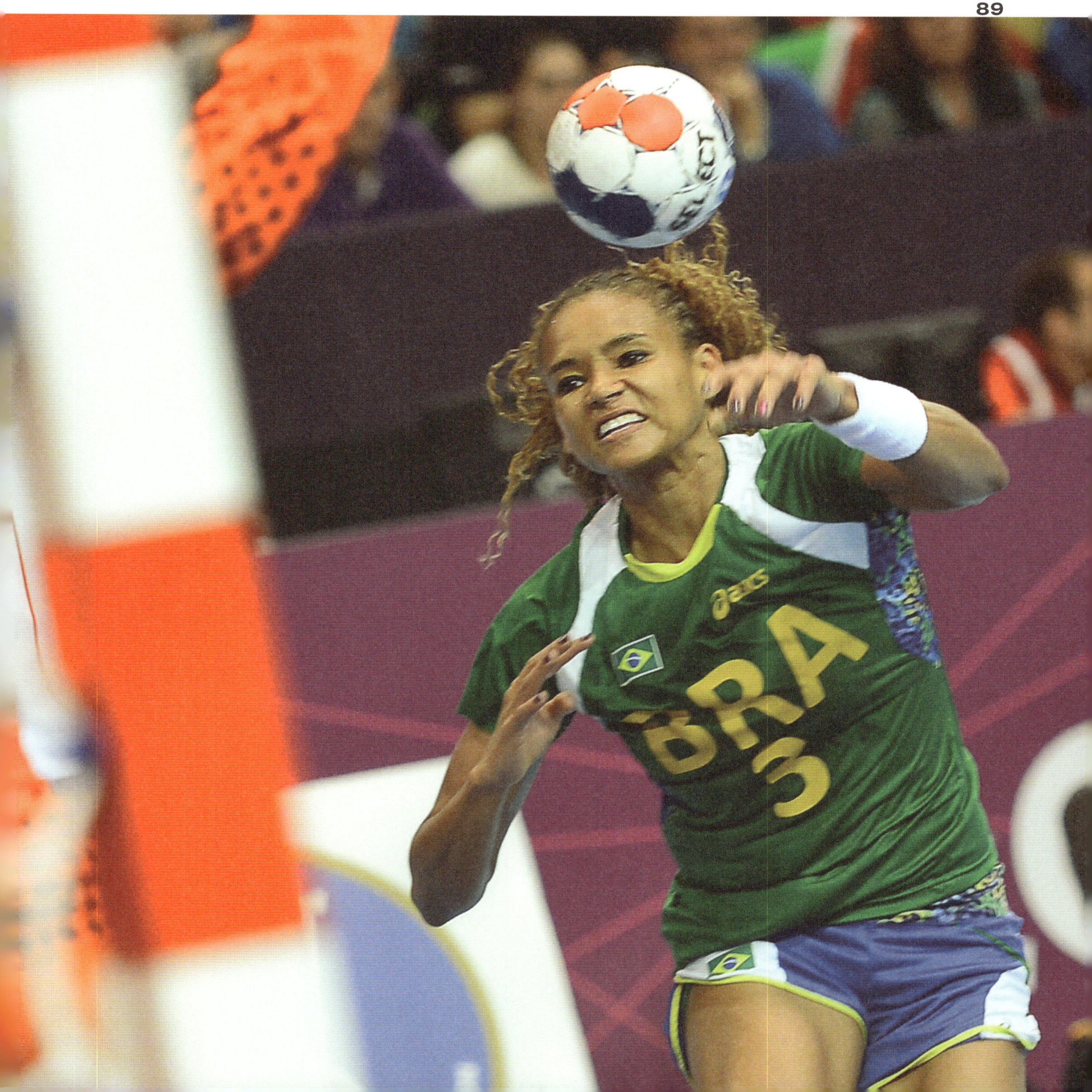
BRA
3

HÓQUEI

NO CAMINHO CERTO

CLÁUDIO ROCHA

"A importância da disciplina, os cuidados com o corpo e a mente e o cultivo de valores éticos na prática do esporte estão na essência do hóquei sobre a grama. O jovem que quiser começar a praticar a modalidade tem que investir nesses interesses.

Participo há mais de 11 anos dessa carreira de competições e, independentemente dos resultados, faria tudo de novo. É uma sensação indescritível representar o País, ouvir o Hino Nacional antes das partidas e compartilhar com a equipe o resultado de nosso esforço! Só mesmo vivenciando tudo isso se pode ter a dimensão do que é. Penso que o maior estímulo seja poder fazer aquilo que mais gostamos de fazer, sermos apaixonados pelo esporte que praticamos. É muito importante o incentivo dos amigos, dos familiares e dos treinadores, mas o mais importante é a motivação individual, poder fazer o que gosta e querer sempre ser melhor do que era ontem. Há riscos. O atleta deve sempre cuidar de seu corpo, que é sua ferramenta. Tem que se preocupar com a alimentação, o descanso e os treinamentos individuais. Outro ponto importante são os estudos. Sempre deve existir equilíbrio, não é necessário abdicar de um para seguir com o outro.

Acho que, como em qualquer esporte, devemos sempre trazer para o Brasil o que consideramos de qualidade nos países que têm as melhores equipes. Um dos artifícios fundamentais nas potências mundiais do hóquei é a base. Com a maior inclusão de crianças no esporte, ou seja, nas categorias de base, em pouco tempo nosso país será também uma potência. Com relação às nossas seleções, estamos no caminho certo, realizando mais intercâmbios, participando de torneios internacionais e treinando intensivamente. Se pudesse, hoje, sugerir medidas de médio e curto prazo para a modalidade, estabeleceria alguns objetivos centrais:

Objetivo geral: Promover a inclusão social de crianças e adolescentes por meio do esporte, utilizando recursos incentivados, previstos no Art. 260 do ECA. E, assim, ampliar o atendimento socioesportivo do País.

Objetivos Específicos:
- Democratizar a prática esportiva e de lazer como direito geral.
- Capacitar crianças e adolescentes a ingressarem na sociedade.
- Gerar mais saúde, equilíbrio psicológico, físico e motor.
- Possibilitar que o esporte seja o ponto de partida para a ascensão social, por meio da descoberta e aproveitamento de talentos.
- Agregar conceitos de responsabilidade social aos envolvidos no projeto.
- Sugerir medidas governamentais para a formação dos jovens e a promoção do esporte e da atividade física, com vistas à integração social e a uma melhor qualidade de vida."

CLÁUDIO ROCHA, *ex-jogador, é gerente técnico da CBHG e treinador da Seleção Brasileira Masculina de Hóquei sobre Grama. Bacharel em Direito e graduando em Educação Física, fez vários cursos de aperfeiçoamento técnico no exterior e foi juiz de mesa nos Jogos Pan-Americanos de Guadalajara/2011.*

Britanicamente Em Londres/1908, o time da Inglaterra venceu a Irlanda por 8 a 1 na final olímpica e recebeu o ouro num pódio exclusivamente britânico, pois a Escócia, ao derrotar o País de Gales, ficou com o bronze

UM JOGO SECULAR, COM PARENTES DE LUXO

Coroado para reerguer a Inglaterra, depois da catastrófica passagem de seu pai, Eduardo II, pelo poder, o rei Eduardo III era um governante duro. Seus 50 anos de reinado foram marcados por empreitadas bélicas, rigorosa recuperação econômica, expansão geográfica e modelo ultraconservador de administração, que não deixava espaço às liberalidades de seus antecessores. A mão de ferro do temperamental Eduardo III, que governou entre 1327 e 1377, não permitia, entre outros excessos, o que ele chamava de "jogos inúteis". Sob ameaça de prisão e para que os súditos concentrassem seus esforços apenas em empreitadas que julgava pragmáticas, ele proibiu diversas práticas de lazer, entre elas as atividades que usavam bolas, semelhantes aos atuais futebol e handebol, e um jogo estranho, em que os competidores utilizavam bastões e uma bola pequena, o hóquei. A palavra em inglês – hockey – tem origem do vocábulo francês *hoquet*, que significa em tradução literal soluço, mas em regiões do interior da França é o termo para definir o bastão curvo utilizado pelos pastores em seu labor diário diante dos rebanhos.

Mais de 400 anos depois de Eduardo III, os ingleses reintroduziam no Reino Unido uma atividade semelhante à antiga brincadeira com bastões, trazida da Índia, também muito parecida com o *hurling* irlandês, um dos jogos gaélicos com mais de 3 mil anos. Com sua obsessão organizacional, os ingleses deram formato a mais este esporte originado no século XIX, estabeleceram marcos competitivos e "isolaram" as semelhanças com outras modalidades novíssimas na época, como o rúgbi e o futebol, para dar personalidade própria à prática. Em 1861, foi fundado aquele que é considerado o primeiro clube de hóquei do mundo, o Blackheath Football and Hockey Club, com sede em Londres.

Mais uma vez, os ingleses marcavam um ponto na história do esporte, transformando em atividade de entretenimento regulamentada um modelo de jogo que tinha antecedentes clássicos de mais de 4 mil anos na Pérsia e no Egito, ou na Grécia de 500 a.C., e também na Mongólia, na Índia, no Chifre da África e no quintal de casa, na Irlanda.

Exceto pelas diferenças de equipamento – utilização do bastão, bola menor, meta de dimensões mais reduzidas, goleiros com proteção básica –, as vantagens para a expansão do hóquei eram semelhantes às de seus parentes de luxo, o futebol e o rúgbi. Eram esportes praticados normalmente nos mesmos espaços físicos, ao ar livre, com um padrão saudável de exigências técnicas, por jovens de formação cultural elevada, em torno das escolas e universidades. Rapidamente, as associações de hóquei se formaram com base no crescimento do número de praticantes e, até o final do século, já havia vários times em atividade, inclusive para disputas femininas, cuja associação específica no âmbito do Reino Unido foi fundada em 1895. A popularização que chegou com as regras atingiu rapidamente o norte da Europa, principalmente Holanda e Alemanha, e cruzou os oceanos até o Extremo Oriente e a Austrália. Teve impacto direto nas colônias britânicas, sendo que algumas delas — como Índia e Paquistão — tinham há muito tempo uma tradição respeitável no hóquei da fase rudimentar. Não por acaso, esses dois países asiáticos dominaram amplamente as competições dos primeiros 60 anos de disputas internacionais oficiais no hóquei sobre a grama, apesar da forte concorrência inglesa no início. A expansão chegou também ao outro lado do mundo, conquistou adeptos na América Central e, mais ao sul, levado pelos ingleses, o esporte caiu em cheio no gosto dos argentinos, que mais tarde teriam lugar garantido na elite mundial da modalidade.

ÍNDIA, RAINHA DOS PÓDIOS

Em 1908, o hóquei já tinha cacife para ser incluído no programa olímpico. Possuía raízes sólidas no Reino Unido e associações ativas na França, nos Países Baixos e em outras regiões da Europa. Competindo com seleções autônomas, os britânicos (Inglaterra, Irlanda e Escócia) dominaram o pódio da Olimpíada de Londres/1908. Havia, porém, um problema de regulação internacional das relações entre as entidades de cada país e ficou claro que a modalidade ainda precisava de um marco organizacional para ser esporte fixo nos Jogos Olímpicos. Assim, após anos de discussões — com uma Guerra Mundial no meio —, a modalidade voltou aos Jogos da Antuérpia/1920 (com nova vitória britânica), se bem que só atingiria a maturidade quando foi fundada em Paris, em 1924, a Federação Internacional de Hóquei sobre a Grama, definida pela sigla em francês FIH. Seu objetivo principal era garantir as bases regulatórias para as disputas olímpicas e eventos internacionais, cujo primeiro teste ocorreu nos Jogos de Amsterdã/1928. A nova ordem coincidiu com o início do domínio massacrante da Índia nas competições oficiais, secundada por seus vizinhos do Paquistão. Foi o tempo da primeira grande estrela mundial no esporte, o goleiro Ranganathan Francis, da Índia, nada menos que três vezes campeão olímpico.

Nas seis edições olímpicas entre Amsterdã/1928 e Melbourne/1956, a Índia arrebatou as medalhas de ouro, sendo que nas três primeiras (Amsterdã, Los Angeles/1932 e Berlim/1936) disputava os Jogos ainda sob a bandeira britânica. Em Roma/1960, o Paquistão, que vinha de uma medalha de prata em Melbourne, quebrou a hegemonia conquistando o ouro na decisão contra a própria Índia, que daria o troco nos Jogos se-

De passagem Por 1 a 0, a Holanda passa pela Alemanha nas quartas de final do torneio de hóquei masculino em Helsinque/1952, abrindo o caminho para fazer a final olímpica contra a favoritíssima Índia, que goleou os holandeses por 6 a 1 e ficou com o ouro

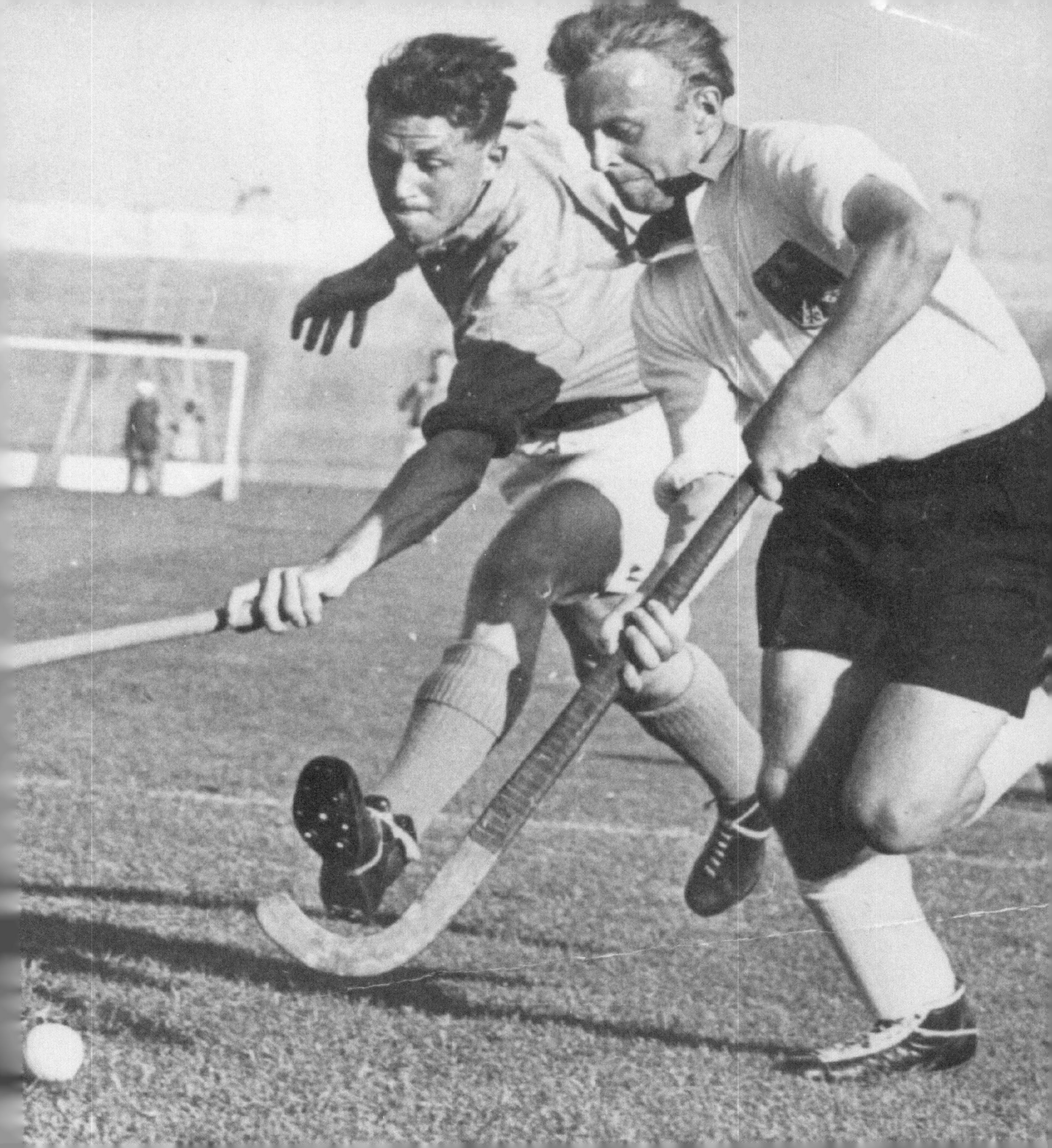

guintes, em Tóquio/1964. O Paquistão voltaria a vencer no México/1968.

Nesse período de domínio dos asiáticos, os times britânicos saíram de cena, conseguindo apenas dois pódios (prata em 1948 e bronze em 1952). A Grã-Bretanha, aliás, só voltaria a ganhar um ouro em Seul/1988, num resultado inesperado ao vencer a final contra os alemães. Em compensação já haviam dado seus primeiros sinais as nações que se tornariam potências modernas do hóquei, como a Holanda, duas vezes medalha de prata (Amsterdã e Helsinque) e uma de bronze (Berlim), além de Alemanha e Austrália. Alemanha e Nova Zelândia ficaram com os títulos olímpicos em Munique/1972 e Montreal/1976, mas Índia e Paquistão recuperariam o ouro nas edições seguintes (Moscou/1980 e Los Angeles/1984). Desde então, as equipes mais vitoriosas da história da modalidade, exceto pela medalha de bronze dos paquistaneses em Barcelona/1992, não voltariam mais aos pódios olímpicos, que seriam monopolizados por alemães, holandeses e australianos, intercalados por raras aparições de Espanha (prata em Atlanta/1996) e Coreia do Sul (prata em Sydney/2000). Dentre os destaques individuais deste último período estão os australianos Michael York e Jay Stacy (eleito o jogador mundial da FIH em 1998), o espanhol Juan Escarré, o alemão Florian Kunz, considerado o "Beckenbauer do hóquei", e o supercraque holandês Stephan Veen, duas vezes eleito o melhor do mundo pela FIH.

> Em 1927, oito países fundaram a IFWHA, a federação encarregada de organizar os eventos femininos, que atuaria de forma autônoma até 1982, quando um acordo promoveu a união administrativa sob o guarda-chuva da FIH, com sede na Suíça.

CHEGAM AS MOÇAS

Três anos depois da constituição da FIH, as associações que promoviam o hóquei feminino resolveram criar uma entidade que também as representasse internacionalmente. Em 1927, oito países assinaram a fundação da IFWHA, a federação encarregada de organizar os eventos exclusivos para as mulheres e que atuaria de forma autônoma até 1982, quando se chegou a um acordo para promover a união administrativa sob o guarda--chuva da FIH, com sede em Lausanne, na Suíça. Apenas nos Jogos Olímpicos de Moscou/1980, o hóquei sobre a grama feminino entrou nas disputas oficiais. Dois países fora do circuito clássico ganharam medalhas de ouro – o Zimbábue em 1980 (em uma competição boicotada por muitos países ocidentais), e a Espanha, em Barcelona/1992. As outras medalhas de ouro e a maioria dos pódios olímpicos foram divididas por Alemanha, Austrália e Holanda, com menção especial a uma potência emergente a partir de Sydney/2000: a Argentina, com suas Leonas, que nunca ficaram com a medalha de ouro mas confirmaram sua ascensão conquistando duas medalhas de prata (Sydney/2000 e Londres/2012) e duas de bronze (Atenas/2004 e Pequim/2008). Os principais nomes mundiais da primeira etapa olímpica foram a australiana Rechelle Hawkes, que disputou quatro Olimpíadas, a holandesa nascida em Madri Mercedes Coghen e a também holandesa Carina Benninga, comandante das primeiras conquistas olímpicas de seu país.

No quadro geral de medalhas olímpicas, somadas as conquistas do masculino e do feminino, a Índia mantém, mesmo muitos anos depois de seu domínio técnico absoluto, o topo do ranking, com 11 medalhas, sendo oito de ouro. É seguida por Holanda (16 medalhas no total, cinco de ouro), Austrália (12 no total, quatro de ouro) e Alemanha (oito no total, quatro de ouro), sendo que a Alemanha Ocidental pré-reforma geopolítica (com a queda do Muro de Berlim) também conquistou uma medalha de ouro. A Federação Internacional de Hóquei sobre a Grama tem hoje 127 países filiados por meio de suas associações regionais nos cinco continentes. O hóquei feminino é praticado em 72 países. Nas disputas do Campeonato Mundial, cuja primeira edição ocorreu em 1971, o Paquistão é líder do ranking masculino, com quatro títulos, seguido da Holanda, com três. O torneio começou a ser disputado a cada dois anos, passando pouco depois a ocorrer a cada quatro anos. No feminino, a Holanda foi campeã seis vezes e domina o ranking com muita vantagem sobre Argentina, Alemanha e Austrália, que possuem dois títulos cada uma. O Champions Trophy, torneio criado pelo paquistanês Nur Khan e disputado desde 1978 no masculino, ocupa o terceiro posto na hierarquia de eventos importantes organizados pela FIH e foi vencido 12 vezes pela Austrália e nove vezes pela Alemanha. A competição é anual, tanto para os homens quanto para as mulheres. Entre as moças, o domínio desde o início das disputas, em 1987, é da Holanda e da Austrália, com seis títulos cada, seguidas pela Argentina, cinco vezes campeã.

A década de 2000 abriu as portas para um razoável boom do hóquei na mídia, que parece ter descoberto as atrações de um esporte com finos padrões estéticos, muita explosão atlética e competitividade acirrada. A visibilidade adquirida pela modalidade nos Jogos Olímpicos e nas disputas do Champions Trophy fez de suas principais figuras autênticas celebridades mundiais do esporte, atletas que passaram a desfrutar de novos contratos publicitários com valores respeitáveis em relação aos padrões praticados até então. Entre os craques que se tornaram ícones midiáticos estão os holandeses Teun de Nooijer e Florin Evers, o excepcional australiano Jamie Dwayer, considerado por muitos o mais completo jogador da história, e os irmãos alemães Philip e Christopher Zeller. Quanto às mulheres, as holandesas se transformaram em referências da modalidade, como a capitã de três Olimpíadas Minke Booij e mais recentemente Maartje Paumen e Naomi van As, condutoras do time bicampeão olímpico (Pequim/2008 e Londres/2012). Em matéria de carisma e desempenho técnico poucas jogadoras estiveram à altura das estrelas holandesas, entre elas a surpreendente chinesa Zhou Wanfeng e a melhor de todas, a musa argentina Luciana Aymar, considerada a "Maradona do Hóquei". Luciana Aymar, considerada a "Maradona do Hóquei". Eleita a melhor jogadora de hóquei pela FIH nada menos que 7 vezes.

100   UM JOGO SECULAR, COM PARENTES DE LUXO

Em Wembley Num dos templos do futebol mundial, em partida disputada em 1983 e vencida pela Inglaterra por 3 a 2, a jogadora Gaby Appel, da Alemanha Oriental, enfrenta as inglesas Linda Carr e Karen Lobb

BRASIL, CAÇULA OLÍMPICO

Consolidado na Europa Central e do Norte, o hóquei desembarcou no país trazido por imigrantes ingleses e alemães, era praticado no SPAC, clube inglês de São Paulo, e ocasionalmente em restritos círculos estudantis a partir da década de 1880, mas não decolou por várias razões – concorrência de outros esportes de campo, ausência de equipamento adequado, desconhecimento técnico, falta de material humano e de divulgação das regras. Não por acaso, o esporte que hoje é para o Brasil o caçula entre as modalidades olímpicas, ficou durante quase um século sobrevivendo à custa de uns poucos aficionados e só na década de 1980 ganhou algum alento por iniciativa de clubes que formaram as primeiras equipes completas, ainda de forma rudimentar, sem intercâmbio com os grandes centros e com precárias condições de infraestrutura. Tanto é verdade que a primeira Seleção Brasileira masculina a disputar um campeonato oficial foi formada em 1998, para o Sul-Americano do Chile e conquistou suas melhores colocações em 2008 e 2010 (quarto lugar). Em 2013 a seleção conquistou o bronze, também no Chile.

Nos primeiros anos, a modalidade era comandada pela Associação Brasileira de Hóquei, mas em 2005 foi fundada, enfim, a Confederação Brasileira de Hóquei sobre a Grama e Indoor (CBHG), com sede no Rio. A nova estrutura permitiu a realização de alguns eventos, entre eles o Campeonato Brasileiro. O maior impulso veio com a realização do Pan-Americano do Rio, que inaugurou o campo oficial do Complexo Esportivo de Deodoro, hoje o centro de prática no País. O número de clubes ainda é bastante pequeno. Entre aqueles que se estabeleceram estão os clássicos de São Paulo – Mathias e Macau – do Rio – Carioca Hóquei Clube e Germânia – e os fortíssimos Florianópolis e Desterro, de Santa Catarina. Cinco federações estabelecidas dão suporte às principais atividades e eventos: São Paulo, Rio, Paraná, Santa Catarina e Rio Grande do Sul. Nesse cenário, o País só consegue arregimentar cerca de 450 jogadores federados, mais ou menos 1% do total de atletas no país top no hóquei latino-americano, a Argentina. O processo lento de revelação de valores tem sido contornado com a participação de jogadores com nacionalidade dupla na Seleção Brasileira, caso dos irmãos Patrick e Yuri Van der Heijden, de pai holandês e mãe brasileira (ambos jogam na Holanda), do atacante Miachael Guest, que mora e joga na Inglaterra, e do jovem Fabian Rickenbach, nascido em São Paulo e adotado por uma família alemã. No feminino, a seleção conta com Anita Rodriguez, brasileira nascida em Campinas, que vive na Argentina, e também com a goleira Inge Vermelen, que foi adotada quando criança por holandeses e fez carreira internacional, inclusive pala forte seleção da Holanda, antes de ser relacionada pela Seleção Brasileira.

Para participar pela primeira vez em Jogos Olímpicos, ao Brasil não basta ser o país sede em 2016. Apesar de teoricamente pré-classificado sem a necessidade de passar por uma triagem em um torneio pré-olímpico, o time brasileiro só terá seu lugar nos Jogos assegurado se atingir um lugar entre os 30 melhores do ranking. Em 2012, o País chegou à 33ª colocação no masculino e em 51º lugar no feminino.

STEPHAN VEEN (1970)

Craque emblemático do multicampeão time de hóquei holandês da década de 1990, foi eleito duas vezes Jogador Mundial da FIH, nas temporadas de 1998 e 2000. Nascido em Groningen, teve uma primeira etapa na carreira como atacante, mas fechou seu ciclo na seleção atuando mais recuado, como meio-campista. Foram 275 jogos oficiais pela Holanda, com um total de 116 gols marcados. Conquistou duas medalhas de ouro olímpicas (Atlanta/1996 e Sydney/2000) e duas Copas do Mundo (1990 e 1998), além de uma edição do Champions Trophy (2000). Sua partida mais memorável ocorreu na final de Sydney, contra a Coreia do Sul, quando marcou três gols no tempo normal e ainda converteu o último pênalti na decisão extra. Era o capitão da equipe. Economista pós-graduado, abandonou a carreira aos 30 anos. Casou-se com a também ex-jogadora de hóquei Suzan van der Wielen, duas vezes medalhista olímpica de bronze.

GALERIA

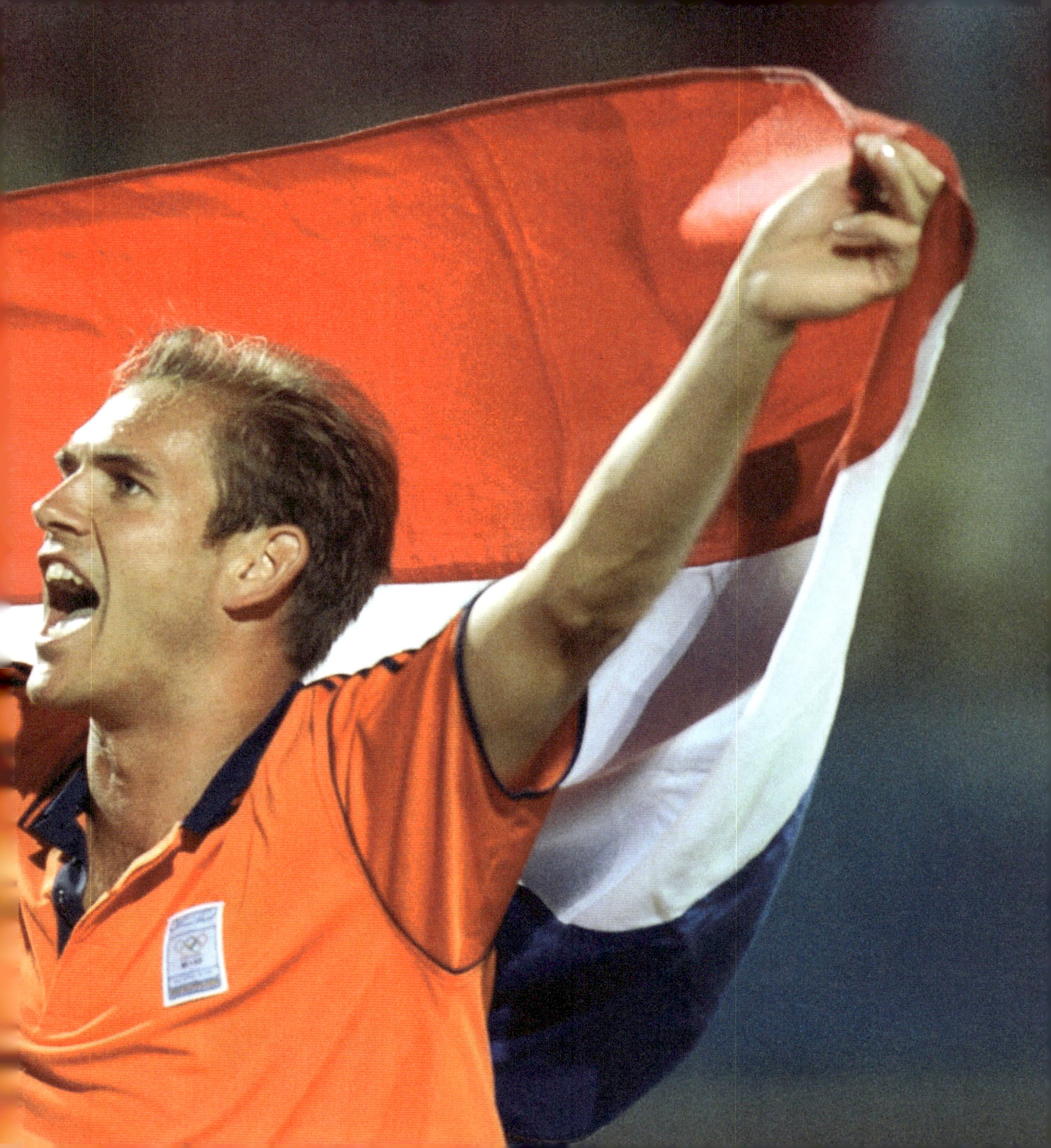

JUAN ESCARRÉ (1969)

Para os espanhóis, trata-se de um símbolo das principais conquistas do país no hóquei sobre a grama, eternizando a camisa de número 7. Nascido em Alicante (a equipe da Universidade local foi seu primeiro grande clube), disputou 256 partidas pela seleção, a maioria como capitão. Esteve em todas as grandes conquistas do período. Ergueu a taça do Champions Challenge em 2003, também do Champions Trophy em 2004 e foi campeão europeu de nações em 2005. No cenário olímpico, era um dos comandantes da equipe que ficou com a medalha de prata nos Jogos de Atlanta/1996. Defendeu vários times importantes além do San Vicente-Universidad de Alicante, como o Barcelona e o Deportivo Complutense, andou por clubes de Alemanha, Inglaterra e Índia, mas o último trecho de sua carreira reservou um curioso paradoxo. Como o clube de Alicante foi desfeito, não tinha onde treinar, embora ainda fizesse parte da Seleção Espanhola. Em 2006, aposentou-se, após uma série de lesões.

RANGANATHAN FRANCIS (1920)

No recorde de seis ouros olímpicos conquistados pela Índia, entre Amsterdã/1920 e Melbourne/1956, este goleiro nascido em Madras esteve presente desde Londres/1948. Nos 14 jogos disputados, sofreu apenas quatro gols. Sua marca de três ouros igualou o feito do goleiro que o precedeu na equipe antes da Segunda Guerra, Richard Allen, quando a Índia jogava ainda sob a bandeira britânica. Outros dois jogadores acompanharam Francis na conquista tripla, Randhir Singh Gentle e Leslie Claudius, e um dos mais novos, Udham Singh Kullar, atuou na seleção até Japão/1964, conquistando três ouros e uma prata.

MICHAEL JOHN YORK (1967)

Foi um dos responsáveis pela ascensão da Austrália ao primeiro nível do hóquei mundial, quando os países europeus já haviam superado a tradição asiática e dominavam as principais competições. Nascido em Tamworth, Nova Gales do Sul, disputou sua primeira Olimpíada em Seul/1988, quando os australianos ficaram apenas em quarto lugar, mas ganhou a medalha de prata em Barcelona/1992 e a medalha de bronze tanto em Atlanta/1996 como em Sydney/2000 e foi um dos comandantes da equipe que conquistou o Champions Trophy em 1999, já com 32 anos de idade. Destacava-se por sua extrema eficiência na defesa.

JAY JASON STACY (1968)

Australiano nascido em Melbourne, também esteve na campanha memorável do título de 1999 do Champions Trophy. Foi o primeiro atleta do hóquei de seu país a conquistar o prêmio de Jogador Mundial da FIH (Federação Internacional de Hóquei sobre Grama), justamente pela campanha de 1999. Fez parte da equipe que subiu ao pódio em três Olimpíadas consecutivas, conquistando a prata em Barcelona/1992 e o bronze tanto em Atlanta/1996 quanto em Sydney/2000. Detém o recorde de participações pela seleção: disputou 319 partidas. Após a aposentadoria dedicou-se à carreira de treinador.

MICHAEL GREEN (1972)

Nascido na cidade de Braunschweig, foi o segundo pilar defensivo – ao lado de Florian Kuntz - das campanhas vitoriosas do hóquei alemão na década de 1990 e início dos anos 2000, na geração que precedeu e participou da formação dos bicampeões olímpicos de Pequim/2008 e Londres/2012. Tricampeão do Champions Trophy (1995,1997 e 2001), campeão europeu de nações em 1999 e da Copa do Mundo de 2002, esteve em duas Olimpíadas (tendo ficado em quarto lugar em Atlanta/1996 e em quinto em Sydney/2000) e vestiu a camisa da seleção alemã em 320 jogos. Defendeu o Harvestehuder THC, de Hamburgo, e jogou também na Espanha, pelo RC Polo, de Barcelona. Foi eleito pela Federação Internacional de Hóquei, em 2002, o melhor jogador do mundo.

MICHAEL BRENNAN (1975)

A Austrália já vinha frequentando havia décadas o pódio olímpico masculino do hóquei sobre patins, mas só conseguiu conquistar a medalha de ouro em Atenas/2004, em grande parte graças ao diferencial representado por este cerebral meio-campista nascido em Queensland, na cidade de Toowoomba. Depois de roçar a conquista por quatro edições consecutivas, o que levou à denominada "Maldição dos Kookaburras" (como são chamados os jogadores de hóquei da seleção australiana), a vitória veio na decisão contra os então campeões olímpicos, os holandeses. Curiosamente, na primeira fase da competição, a Austrália tinha ficado em segundo lugar no grupo, atrás da Holanda. Brennam, que era titular no bronze conquistado quatro antes, em Sydney, foi o grande condutor da equipe, pela qual também havia vencido a edição de 1999 do Champions Trophy, disputada em Brisbane.

FLORIAN KUNZ (1972)

Uma espécie de "Beckenbauer do hóquei", foi capitão da seleção alemã por vários anos e o grande condutor da equipe que conquistou a Copa do Mundo de 2002. Nascido em Leverkusen, começou a jogar muito cedo, aos cinco anos, e tornou-se um zagueiro com excepcional liderança e visão de jogo. Sob seu comando, a Alemanha também conquistou o Champions Trophy de 2001 e subiu ao pódio para receber a medalha de prata em mais duas edições do torneio, 2000 e 2002. Aos 32 anos, esteve ainda na equipe que ganhou a medalha de bronze da Olimpíada de Atenas/2004. Completou 247 jogos pela seleção e foi eleito Jogador do Mundo pela FIH em 2001.

BRENT LIVERMORE (1976)
Oriundo da fértil escola de jogadores de hóquei de Nova Gales do Sul (nasceu em Grafton), onde começou a jogar aos 13 anos, foi um dos líderes do time australiano que conquistou o tricampeonato do Champions Trophy (1999, 2005 e 2009) e da equipe campeã olímpica de Atenas/2004, quando fez uma respeitável dupla com outra importante liderança, Michael Brennan. Era chamado "The Chief" pelos colegas, em função de sua capacidade de comando e da acurada visão de jogo como meio-campista de marcação. Em Sydney/2000, tinha conquistado a medalha de bronze. Fez um total de 316 partidas pela seleção da Austrália, marcando 30 gols.

POL AMAT ESCUDÉ (1978)
O desempenho deste catalão (nascido em Terrassa) na campanha que culminou com a medalha de prata para a Espanha nos Jogos Olímpicos de Pequim/2008 foi fundamental para que ele conquistasse o título de Jogador Mundial da FIH naquela temporada. Foi o primeiro latino a ser eleito para o prêmio no hóquei masculino. Com apenas 18 anos, Pol Amat já fazia parte da equipe espanhola que também ficou com a prata em Atlanta/1996. Disputou também as Olimpíadas de Sydney/200 e Atenas/2004. Além de vários títulos por seus principais clubes (Real Club de Polo e Egara), foi fundamental para a seleção de seu país na conquista do Champions Trophy de 2004 (em Lahore) e do Campeonato Europeu de 2005, disputado em Leipzig, quando marcou dois gols na final contra a poderosa Holanda. Jogou uma temporada, 2005/2006, no hóquei holandês, defendendo o Club Amsterdam. Atacante criativo e letal, chegou a ser chamado de "Ronaldo do Hóquei", na época em que o brasileiro Ronaldo Fenômeno era o número 1 do mundo no futebol. Encerrou a carreira de jogador em 2012.

TEUN DE NOOIJER (1976)
Do alto de suas quatro Olimpíadas disputadas, com duas medalhas de ouro e duas de prata, do tetracampeonato do Champions Trophy e das três vezes em que foi eleito Jogador Mundial da FIH (2003, 2005 e 2006), este meio-campista ofensivo extremamente habilidoso assumiu com folga o posto de maior jogador da história do hóquei sobre grama masculino da Holanda. Nascido em Egmond, começou a jogar com os irmãos no quintal de casa. Aos 11 anos, já estava no time de base do Alkmaar e, aos 18, estreava no time titular da Holanda. Nesse período, trocou a camisa 11 pelo simbólico número 14, o mesmo celebrado pelo maior ídolo esportivo de sempre na Holanda, Johan Cruyff. Foi ainda campeão europeu e subiu ao pódio do Champions Trophy um total de nove vezes. Suas três conquistas de "jogador do ano" só foram superadas pelo prodígio australiano Jamie Dwyer. Defendeu a seleção da Holanda em 453 partidas, sendo a última na decisão da medalha de ouro dos Jogos de Londres/2012, vencida pela Alemanha.

MATTHIAS WITTHAUS (1982)

Nascido em Oberhausen, tem lugar de honra na linhagem de grandes atacantes que deram à Alemanha o bi olímpico em Pequim/2008 e Londres/2012. Encaminhou sua carreira profissional aos 16 anos, jogou em clubes alemães (Uhlenhorst HTC, Crefelder HTC) e foi campeão espanhol pelo Atlético Terrassa. Também defendeu o Real Club de Polo, de Barcelona. Estreou em 1999 na seleção alemã e conquistou dois Champions Trophy (2001 e 2004), uma Copa do Mundo (2002), um Campeonato Europeu de Nações (2011) e os dois ouros olímpicos. Disputou 356 jogos, sendo que o último foi a vitória sobre a Holanda por 2 a 1, na final do hóquei em Londres/2012.

FLORIS MAARTEN EVERS (1983)

A dura missão de substituir a geração bicampeã olímpica teve um alto preço para este talentoso meio-campista holandês nascido em Tilburg. Como herdeiro de Teun de Nooijer na função de maestro da equipe, não deixam de ser frustrantes a prata em Atenas/2004 e em Londres/2012 e o quarto lugar em Pequim/2008. Ainda assim, Floris Evers tem lugar entre os grandes do hóquei em seu país. Foi tricampeão do Champions Trophy (2002, 2003 e 2006) e campeão da Copa Europa de Nações em 2007.

PHILIP (1983) E CHRISTOPHER ZELLER (1984)

Muito do que a Alemanha conquistou neste milênio se deve aos irmãos Zeller. Meio-campista e atacante nascidos em Munique, ambos começaram cedo no esporte e, quando Philip já era uma realidade, Christopher foi eleito o Jogador Jovem de 2006 pela FIH. Em Pequim/2008, o mais novo dos Zeller fez o gol do 1 a 0 sobre a Espanha que valeu o ouro olímpico, título que voltariam a conquistar em Londres/2012. Eles ajudaram a Alemanha a ganhar também duas Copas da Europa e a Copa do Mundo de 2006. Em 2007, com quatro companheiros de seleção, transferiram-se para o pequeno Rot-Weiss Köln, da segunda divisão. Em 2008, levaram o time à divisão principal. Em 2009, foram campeões alemães.

JAMIE DWYER (1979)

Nascido em Rockhampton, de pai e mãe jogadores de hóquei, aos 15 anos teve de se definir por apenas um esporte, pois também praticava críquete. Optou por disputar uma Olimpíada e se transformou no mais premiado e talentoso jogador de hóquei sobre grama do novo milênio, adequando seu estilo agressivo e criativo às experiências na Holanda (atuando pelo Bloemendaal HC) e ao estudo de escolas tão distintas como a da Índia e a da Espanha. Estreou na seleção principal da Austrália em 2001. Fez mais de 250 jogos, ganhou o ouro em Atenas/2004 (foi dele o "golden goal" na decisão), mais dois bronzes olímpicos (Pequim/2008 e Londres/2012), um título mundial em 2010 e cinco edições do Champions Trophy entre 2005 e 2011. Eleito o melhor jogador jovem do mundo em 2002, seria consagrado, já como profissional, ao receber cinco vezes o prêmio de Jogador Mundial (2004, 2007, 2009, 2010 e 2011).

TOBIAS HAUKE (1987)

Muito da consistência do time alemão bicampeão olímpico se deve à sua sólida defesa, comandada com extrema eficiência por este jovem zagueiro que, aos 23 anos, ganhou da FIH O título de Melhor Jogador Jovem da temporada, em 2010. Nascido em Hamburgo, tem na família um clã de jogadoras de hóquei - a mãe e duas irmãs. As conquistas de seus tempos de jogador júnior se prolongaram quando chegou ao time principal da Alemanha. Com apenas 21 anos, em Pequim/2008, tornou-se o mais jovem jogador de seu país a conquistar uma medalha de ouro no hóquei olímpico, mas um ano antes já fizera parte da equipe que levantou o Champions Trophy em Kuala Lumpur. Sua galeria de títulos não estaria completa sem o Campeonato Europeu vencido em 2011, em Gladbach. Participou de todos os jogos da campanha do bicampeonato olímpico em Londres/2012, quando completou 184 jogos pela seleção.

DANIEL TATARA (1984)

Para a comunidade brasileira do hóquei sobre a grama, o país definitivamente já tem um goleiro de padrão internacional. Este catarinense nascido em Mafra já é um dos mais experientes jogadores da seleção que teve poucas oportunidades de participar de torneios internacionais, sempre se destacando como um dos melhores do time que se acostumou a perder para seus principais rivais sul-americanos. Jogador do Desterro, de Santa Catarina, recebeu o prêmio de jogador do ano de 2012 no hóquei, concedido pelo Comitê Olímpico Brasileiro. Esteve na equipe que disputou os Jogos Pan-Americanos do Rio/2007.

AUGUSTO FRANÇA (1988)

Paulistano, jogador do Macau, este atacante foi um dos principais destaques da Seleção Brasileira na conquista da inédita medalha de bronze no Sul-Americano de 2013. Já se tornou um dos históricos da equipe nacional, no momento em que o país se prepara para disputar sua primeira Olimpíada, caso consiga chegar entre os 30 melhores do ranking. Como muitos jogadores, exerce múltiplas funções na modalidade, como membro da diretoria da Federação Paulista de Hóquei, inclusive como árbitro. Vencedor do prêmio de melhor jogador do Pan American Challenge 2011, também foi indicado ao prêmio Brasil Olímpico.

LUIS FELIPE "LUA" RÉUS (1986)

Outro com cadeira cativa na Seleção Brasileira, destaca-se pela liderança que já o levou à condição de capitão do time, onde é um dos mais experientes. Muitas vezes premiado nos torneios nacionais, também frequenta a lista dos indicados ao prêmio Brasil Olímpico da modalidade. Joga no Florianópolis Hóquei Clube.

ROBERT KEMPERMAN (1990)

A quarta colocação na Olimpíada de Pequim/2008, após um período de grandes conquistas, levou o time holandês a uma renovação quase radical. Para disputar os Jogos de Londres, foram mantidos os dois pilares técnicos da equipe - Teun de Nooijer e Floris Evers -, com a missão de comandar um grupo de jovens em ascensão, entre eles este meio-campista nascido em Nijmegen, que começou a jogar aos 5 anos e que aos 20 já se destacava no emergente Rot-Weiss Köln da Alemanha. A estreia na seleção da Holanda ocorrera em um amistoso, em 2007. A transição olímpica se mostrou um sucesso. Em Londres, o novo time holandês só perdeu a decisão para a poderosa Alemanha por 2 a 1, sendo que na fase de grupos havia vencido o campeão olímpico por 3 a 1. Kemperman foi um dos destaques.

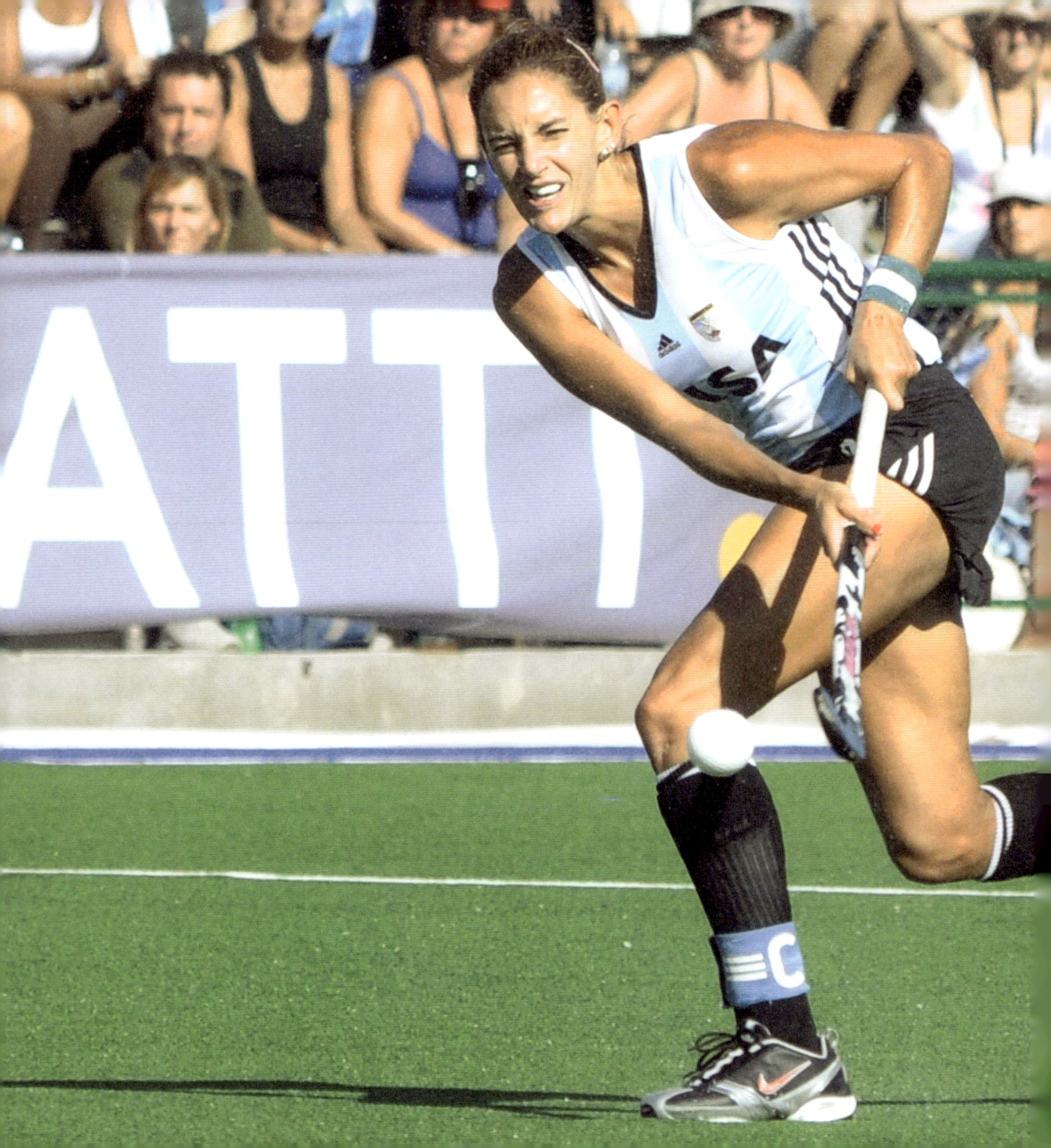

LUCIANA AYMAR (1977)
Considerada uma das maiores jogadoras de todos os tempos, seus inúmeros títulos e o desempenho sempre em altíssimo nível durante mais de uma década a levaram a vencer o prêmio de Jogadora Mundial da FIH por sete vezes, quatro delas de forma consecutiva (2007, 2008, 2009 e 2010). Musa do hóquei mundial, eternizou a camisa de número 8 das Leonas, levou a Argentina à conquista de cinco edições do Champions Trophy (além de três vice-campeonatos), duas Copas do Mundo, três ouros pan-americanos e quatro pódios olímpicos – prata em Sydney/2000 e Londres/2012, bronze em Atenas/2004 e Pequim/2008. Aos 35 anos, conduziu a bandeira argentina na abertura de Londre/2012. Defende o Club de Gimnasia y Esgrima de Buenos Aires. Até 2012, fez 327 jogos com a camisa das Leonas.

GALERIA FEMININO

MERCEDES GOGHEN (1962)

Filha de pai belga e mãe holandesa, mas nascida em Madri, foi a comandante e capitã da mais expressiva conquista da Espanha no hóquei feminino: a medalha de ouro dos Jogos de Barcelona/1992, quando também foi a porta-bandeira na cerimônia de encerramento. Esteve sempre ligada ao Club de Campo, de Madri, ganhou todos os títulos nacionais e fez 165 jogos pela seleção da Espanha na posição de meio-campista, que exercia com solidez e liderança. Tem dois irmãos que foram jogadores de hóquei, o mais velho deles, Juan Luis, medalha de prata na Olimpíada de Moscou/1980. Mesmo após deixar a carreira, não se desligou do hóquei, como dirigente e colaboradora. Foi uma das diretoras da candidatura de Madri a sede da Olimpíada de 2016, em que a capital espanhola foi derrotada pelo Rio de Janeiro.

CARINA MARGUERITE BENNINGA (1962)

Principal jogadora da primeira campanha vitoriosa da Holanda em Jogos Olímpicos - ouro em Los Angeles/1984 -, foi uma meio-campista que fez escola por sua capacidade de controlar o jogo e liderança. Nasceu em Leiden, sempre atuou em clubes holandeses (Amsterdã, HMD de Den Haag e HGC de Wasennar) e chegou à sua primeira Olimpíada com apenas 22 anos, mas já com grande ascendência técnica sobre o grupo. Em Seul/1988 voltou ao pódio para receber a medalha de bronze e, em Barcelona/1992, foi a porta-bandeira da Holanda na cerimônia de abertura. Também comandou a equipe holandesa em outras três conquistas importantes: o Champions Trophy e a Copa Europa de Nações, ambos em 1987, e a Copa do Mundo de 1990, disputada em Sydney.

RECHELLE HAWKES (1967)

Tricampeã olímpica, bicampeã da Copa do Mundo e pentacampeã do Champions Trophy. A história escrita por esta australiana nascida em Albany, durante mais de dez anos capitã da equipe conhecida como "Hockeyroos", foi construída por conquistas que o hóquei feminino jamais havia visto – e dificilmente voltará a ver. Rechelle é o símbolo da equipe mais vencedora da história, disputou quatro Olimpíadas, participou de mais de 250 jogos pela seleção. Meio-campista clássica, líder nata e com ótima visão de jogo, fez da equipe australiana um modelo de competitividade em alto nível, o que lhe valeu a conquista de nada menos que 15 pódios entre os Jogos de Seul/1988 e os de Sydney/2000 nos principais campeonatos internacionais. Ao vencer a Argentina na decisão da medalha de ouro da Olimpíada de Sydney, diante de sua torcida, atirou o taco para os fãs e no mesmo momento decretou sua aposentadoria, deixando o trono e a condição de líder para sua sucessora natural, Alyson Annan. "Já não quero mais treinar", disse.

MIJNTJE DONNERS (1974)

Uma das musas do grande time holandês de meados da década de 1990 até o início dos anos 2000, esta atacante nascida em Den Bosch tem no currículo nada menos que 13 pódios nos principais torneios mundiais. Três vezes medalhista olímpica (bronze em Atlanta/1996 e Sydney/2000 e prata em Atenas/2004), foi tricampeã europeia de nações, conquistou um título do Champions Trophy, além de duas medalhas de prata e duas de bronze, e foi duas vezes vice-campeã da Copa do Mundo. Era chamada na Holanda de Goudmijntje (Mina de Ouro), por sua capacidade de marcar gols em momentos decisivos das partidas mais importantes. Nos dez anos em que defendeu a seleção da Holanda, fez 234 partidas e 97 gols. Recebeu em 2003 o título de Jogadora Mundial da FIH.

MARIA MERCEDES MARGALOT (1975)

Não apenas da fenomenal Luciana Aymar viveu a geração vencedora de argentinas que compuseram a mítica seleção conhecida como "Las Leonas". Mercedes Margalot, conhecida como Mechie, foi um dos pilares defensivos do time que barbarizou nas competições internacionais a partir do início dos anos 2000. Nascida em Buenos Aires, usava a seu favor a baixa estatura (1,59 metro), enfrentando as fortes atacantes adversárias graças à ótima noção de cobertura, poder de antecipação e resistência física. Foi três vezes medalhista olímpica (prata em Sydney/2000 e bronze em Atenas/2004 e Pequim/2008), bicampeã do Champions Trophy (2001 e 2008) e conquistou uma Copa do Mundo. No plano continental, as Leonas dominaram também os Jogos Pan-Americanos, levando as medalhas de ouro em 1999, 2003 e 2007. Após deixar as competições, tornou-se comentarista de hóquei.

NATASCHA KELLER (1977)

A linhagem da família Keller é praticamente uma síntese da história do hóquei na Alemanha. O patriarca, Erwin Keller, estava no time que ganhou a medalha de prata nos Jogos de Berlim/1936, perdendo a final para a então imbatível Índia. O pai, Carsten, foi medalha de ouro em Munique/1982, o irmão mais velho, Andreas, repetiu o feito em Barcelona/1992, e Florian, quatro anos mais novo que Natascha, foi campeão em Pequim/2008. Multicampeã com seu clube, o Berliner HC, ela detém o recorde de participações pela seleção alemã – foram 425 jogos. Duas vezes medalha de prata no Campeonato Europeu de Nações (1999 e 2011), quando conquistou enfim a medalha de ouro na Olimpíada de Atenas/2004, Natascha já tinha o reconhecimento individual internacional com o prêmio de Jogadora Mundial da FIH em 1999. Em Londres/2012, já aos 35 anos, recebeu a homenagem definitiva ao ser a porta-bandeira da delegação alemã na cerimônia de abertura.

ALYSON ANNAN (1973)

Nascida em Wentworthville, Nova Gales do Sul, esta atacante australiana honrou a estirpe de campeãs comandada por Rechelle Hawkes, com quem compartilhou alguns anos de seleção. De pequena estatura (1,62 metro), mas extremamente forte e ágil, foi o terror das defesas adversárias nas 228 partidas que fez pelo seu país, nas quais marcou 166 gols. Além das duas medalhas de ouro conquistadas em Atlanta/1996 e Sydney/2000, foi bicampeã da Copa do Mundo e ajudou a Austrália a vencer quatro edições do Champions Trophy. Com relação à mítica Rachelle, tem uma vantagem no currículo: conquistou duas vezes o título de Jogadora Mundial da FIH (1998 e 2000). No auge da carreira de Rachelle, o prêmio ainda não existia. Alyson tornou-se treinadora e mudou-se para a Holanda para selar sua união com a jogadora holandesa Carole Thate, que conheceu como adversária em campo em duas Olimpíadas.

CECILIA ROGNONI (1976)

Outra estrela de primeira grandeza das Leonas, nasceu em Buenos Aires e é filha do ex-jogador de hóquei Horacio Rognoni, que defendeu a Argentina na Olimpíada do México/1968. Na posição de zagueira central, foi fundamental na campanha que levou a Argentina ao título da Copa do Mundo de 2002, em Perth, quando recebeu também o reconhecimento como melhor jogadora de defesa da temporada e o prêmio de Jogadora Mundial da FIH. Além de sua extrema eficiência no comando da defesa, possuía qualidades excepcionais de liderança e era dona de um fortíssimo arremate quando ia ao ataque. Campeã do Champions Trophy em 2001, duplamente medalhista olímpica (prata em Sydney/2000 e bronze em Atenas/2004), jogou em times importantes da Alemanha e da Holanda antes de encerrar a carreira. Foi ainda bicampeã pan-americana (1999 e 2003).

MINKE BOOIJ (1977)

Comandante da defesa da Holanda em três Olimpíadas, capitã da equipe que conquistou o ouro em Pequim/2008, foi durante mais de uma década uma referência na posição de zagueira, o que lhe valeu o prêmio de Jogadora Mundial da FIH em 2006. Nascida em Zaanstad, disputou 227 partidas pela seleção, marcando 37 gols. Foi quatro vezes campeã do Champions Trophy, bicampeã europeia de nações e, em 2006, campeã da Copa do Mundo. Nas Olimpíadas, foi também bronze em Sydney/2000 e prata em Atenas/2004. Após o ouro olímpico em Pequim deixou a seleção e pouco depois aposentou-se também em seu clube, o Hertogenbosch, tornando-se comentarista de televisão.

ZHOU WANFENG (1979)

Lentamente e sem grandes pretensões, a China foi surgindo no cenário internacional do hóquei na grama. Quinta colocada em Sydney/2000, quarta em Atenas/2004, a equipe chegou para a disputa olímpica em casa, Pequim/2008, comandada por esta dinâmica meio-campista de 1,58 metro, na época uma das mais experientes do time, pois, com 28 anos, já havia participado das duas campanhas anteriores. Nascida em Nanhai, província de Guandong, ela foi uma das responsáveis pelo brilhante desempenho chinês, que só perdeu a decisão da medalha de ouro porque do outro lado estava a imbatível Holanda. Mas o emergente time asiático deixou no caminho times poderosos, como Alemanha, Espanha e Austrália. Em 2003, Wanfeng também esteve na seleção que conquistou a medalha de prata do Champions Trophy, assim como o título dos Jogos Asiáticos de 2006.

ROSARIO LUCHETTI (1984)

Uma das principais parceiras de Luciana Aymar na multicampeã equipe das Leonas argentinas, esta meia-atacante dinâmica e habilidosa, nascida em Buenos Aires, participou – a partir de sua estreia na seleção, em 2005 – de todas as principais conquistas da década de ouro do hóquei feminino em seu país. Esteve em dois pódios olímpicos (bronze em Pequim/2008, prata em Londres/2012), na memorável sequência de títulos do Champions Trophy (quatro medalhas de ouro entre 2008 e 2012) e também na conquista da Copa do Mundo de 2010, disputada em Rosário. Até 2012, havia completado 212 partidas pelas Leonas. Sempre defendeu o Belgrano Athletic Club, onde começou a jogar aos 6 anos.

NAOMI VAN AS (1983)

A história recente contada em número de títulos conquistados pela Holanda está concretamente ligada a esta atacante e meio-campista que reúne habilidade excepcional de jogo e poder de conclusão. Nascida em Haia, chegou à seleção ainda muito jovem, aos 20 anos, e participou da era vitoriosa da equipe que dominou o cenário internacional a partir da segunda metade da década de 2000, cumprindo até os Jogos Olímpicos de Londres um total de 147 partidas pela equipe nacional. Foi bicampeã olímpica (Pequim/2008 e Londres/2012), campeã mundial em 2004, campeã europeia em 2011 e tetracampeã do Champions Trophy, o que transformou a Holanda na única equipe a rivalizar com a Argentina nesse período no principal torneio internacional de hóquei. Essa rivalidade particular pode ser medida pela premiação anual da FIH. Em 2009, Naomi dividiu com a argentina Luciana Aymar, pela primeira vez na história do prêmio, o título de Jogadora Mundial.

MAARTJE PAUMEN (1985)

Esta atacante se transformou em um pesadelo das rivais argentinas desde seu torneio de estreia na seleção da Holanda, em 2004, no Champions Throphy, quando o time "orange" bateu as Leonas na cidade de Rosário. Paumen, ainda muito jovem, nunca mais deixaria a equipe titular, participaria das vitoriosas campanhas olímpicas de Pequim/2008 e Londres/2012 e assumiria o posto de capitã da equipe. Em Pequim, na seminal, Paumen marcou três gols contra as Leonas e terminou como artilheira do torneio, com 11 gols. Em Londres, também marcou na decisão que deixou a medalha de prata para o time de Luciana Aymar. Titular absoluta no tetracampeonato do Champions Trophy (2004, 2005, 2007 e 2011), bicampeã europeia e campeã mundial, recebeu duas premiações da Federação Internacional: foi eleita a Melhor Jogadora Jovem de 2008 e a Jogadora Mundial de 2011.

DJENNIFER VASQUES (1984)

Uma das mais experientes jogadoras da Seleção Brasileira, esta catarinense de Jaraguá do Sul, que joga pelo Clube Desterro, de Florianópolis, é professora de Educação Física e precisa de licença da prefeitura Corupá, onde trabalha, para participar das competições. Foi, aliás, durante o curso de Educação Física que conheceu e começou a praticar o Hóquei sobre a Grama. Remanescente do time que disputou o Pan-Americano do Rio/2007, tricampeã brasileira, foi a vencedora da edição do prêmio Brasil Olímpico em 2009.

INGE VERMEULEN (1985)

Para o jovem hóquei do Brasil é um privilégio ter uma goleira formada na Holanda, que atuou entre as melhores equipes do mundo. Nascida em Americana, interior de São Paulo, foi adotada por um casal de holandeses e começou, como milhares de crianças naquele país, a jogar hóquei aos 7 anos. Aos 16, era contratada pelo forte Bloemendaal. Serviu à Seleção Holandesa por cinco anos, foi campeã europeia e medalha de bronze no Champions Trophy antes de aceitar o convite para integrar a Seleção Brasileira.

THALITA CABRAL (1990)

Zagueira de 1m59, esta paulista da Capital é um dos pilares da Seleção Brasileira que sonha com o pódio olímpico no Rio/2016. Participou dos Jogos Pan-Americanos de 2007 e fez carreira vitoriosa defendendo o Hóquei Clube Desterro, de Santa Catarina. Seu desempenho garantiu um importante intercâmbio, ao lado da também brasileira Lisandra Sousa, no San Fernando da Argentina. Recebeu em 2011 o prêmio Brasil Olímpico, que também havia sido concedido à catarinense Lisandra em 2008.

EVA DE GOEDE (1989)

Não bastasse ter formado uma das maiores equipes da história recente do hóquei na grama, a Holanda também prepara um futuro de grandes craques. Quem está à frente desse processo de transição é esta meio-campista talentosa, que com apenas 19 anos já era campeã olímpica (Pequim/2008). Nascida em Zeist, onde começou a jogar desde muito pequena, De Goede estreou na seleção com 17 anos e já marcou um gol contra um adversário de respeito, a Índia. No ano seguinte comemorava a conquista de seu primeiro Champions Thropy, disputado em Quilmes, Argentina. Novamente campeã do torneio em 2011, chegou à Olimpíada de Londres praticamente como uma "veterana" de 23 anos e foi titular em todos os jogos que levaram ao bicampeonato. Jogadora do Amsterdam HBC, fez até 2012 um total de 88 jogos oficiais pela equipe holandesa.

LAIS BERNARDINO (1988)

Meio-campista, capitã da Seleção Brasileira, uma das principais organizadoras de jogo da equipe, esta catarinense é também uma das estrelas do fortíssimo Florianópolis Hóquei Clube. Experiente, apesar de ainda muito jovem, já participou dos principais torneios internacionais com a equipe brasileira. Ganhou, em 2006, o prêmio Brasil Olímpico da modalidade, concedido pelo COB (Comitê Olímpico Brasileiro)

JULIANA GELBCKE (1989)

Catarinense, começou a jogar hóquei com apenas 14 anos e ainda muito jovem se destacou, chegando precocemente à Seleção Brasileira e conquistando por dois anos consecutivos o prêmio Brasil Olímpico da modalidade, em 2004 e 2005. Formada em Educação Física, é também praticante e especialista em Hipismo. Joga pelo Florianópolis Hóquei Clube como atacante.

ZHAO YUDIAO (1989)

Fã de Ronaldinho Gaúcho, esta chinesa da cidade de Liaoning tinha apenas 19 anos quando fez parte da maior façanha da história do hóquei feminino de seu país: a conquista da medalha de prata em Pequim/2008. Também por isso, não foi surpresa quando a FIH a elegeu como Melhor Jogadora Jovem do ano, em 2010. Atacante canhota de boa estatura (1,70 metro) e extremamente ágil, ela se tornou símbolo do emergente hóquei chinês e principal jogadora da equipe nas campanhas que levaram aos títulos da Copa da Ásia (2009) e dos Jogos Asiáticos (2010).

RAIO X E REGRAS

VISÃO GERAL DO JOGO

NO CARPETE
Como o nome sugere, o hóquei era originalmente jogado na grama. Hoje, porém, jogos oficiais são disputados em grama sintética, que tem manutenção mais simples. Esse tipo de campo, com uma superfície que faz com que a bola corra mais, aumenta a velocidade do jogo. Algumas vezes é usado um tipo de campo de areia, mas causa certos machucados se os jogadores são derrubados. Os campos sintéticos também reduzem a chance de os jogos serem adiados por condições climáticas adversas.

Reservas
Cada time pode ter até 7 reservas, sendo 6 jogadores de linha e 1 goleiro que podem ser subsitutídos ilimitadamente.

Juízes de mesa
Eles conferem o equipamento dos jogadores, as substituições e controlam o placar e o tempo do jogo.

Árbitro de campo
São 2 árbitros responsáveis pela condução da partida de acordo com as regras.

Postes de escanteio
Um em cada canto, com uma altura de 1,2 a 1,5 m e bastante flexível para evitar machucados.

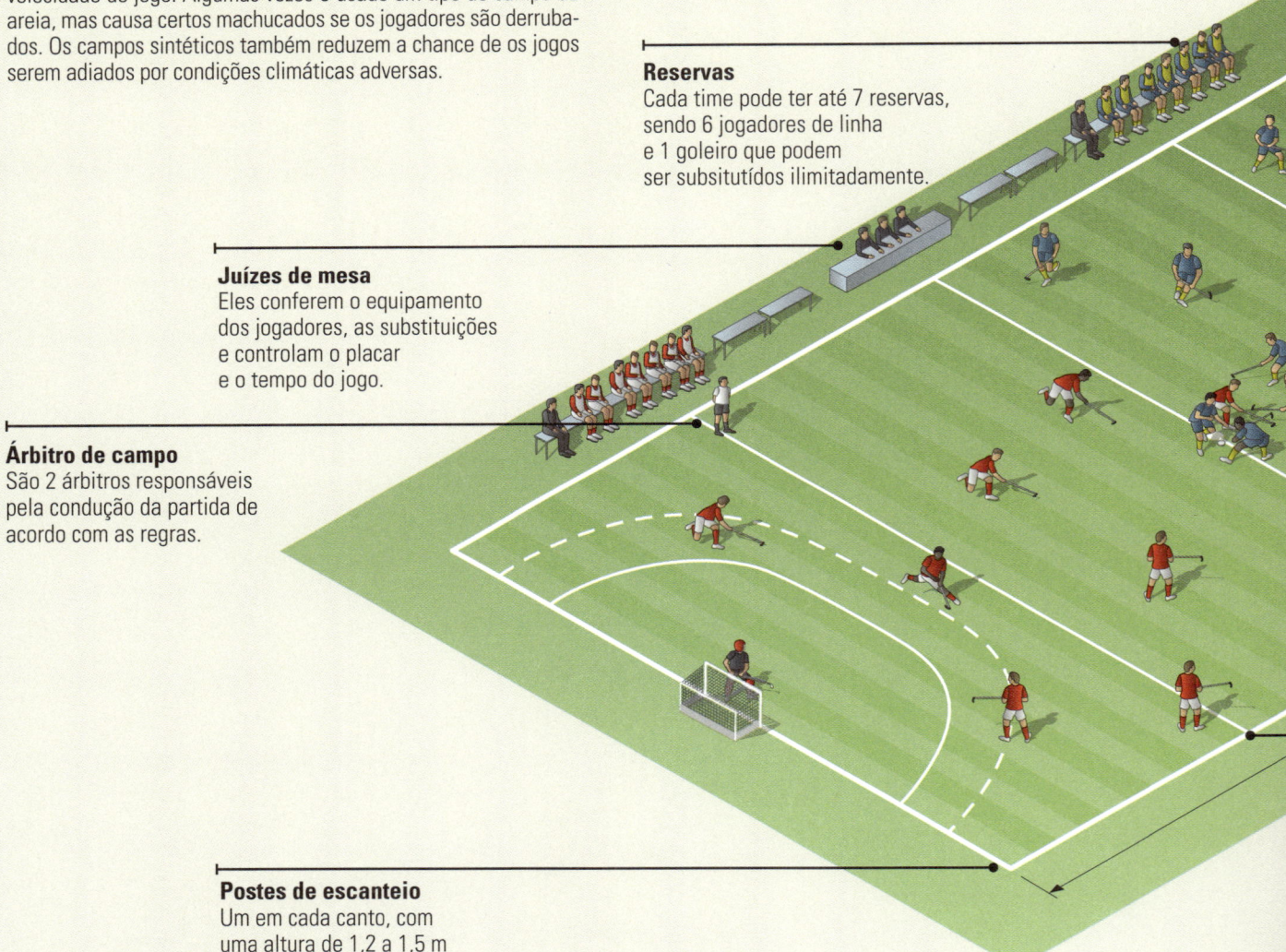

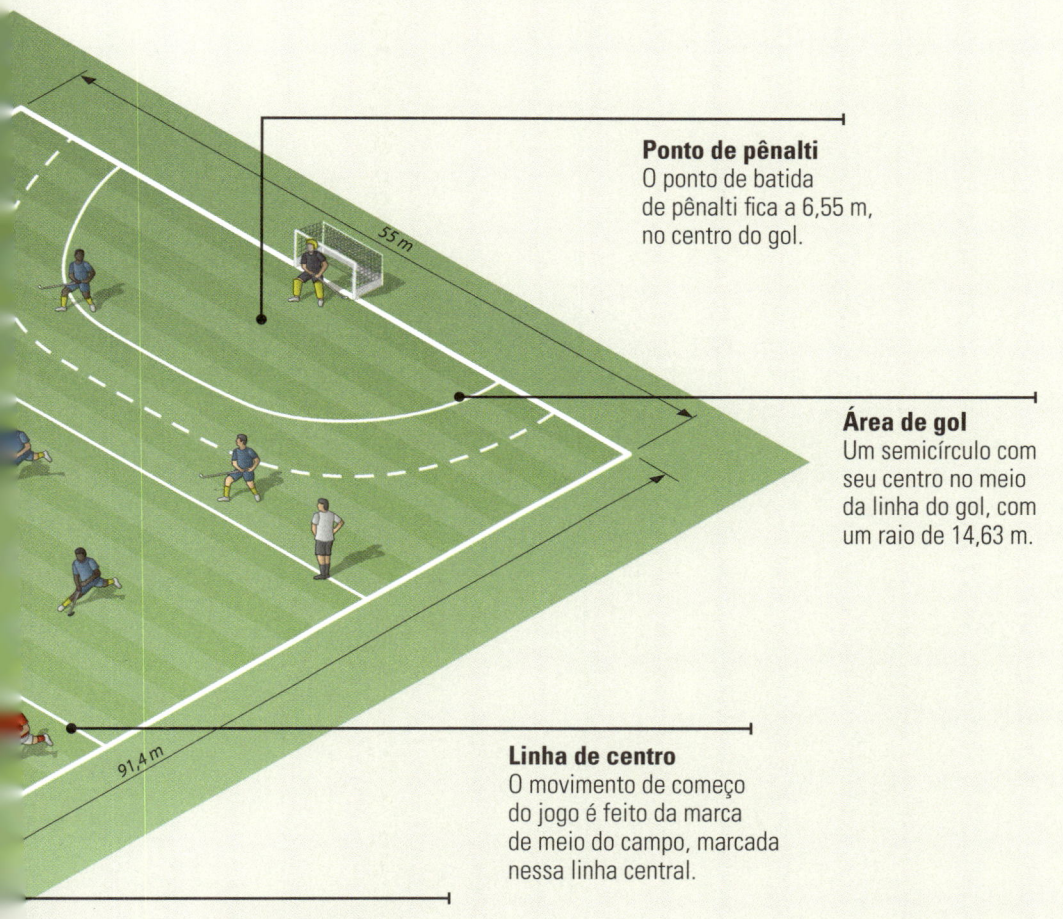

Ponto de pênalti
O ponto de batida de pênalti fica a 6,55 m, no centro do gol.

55 m

Área de gol
Um semicírculo com seu centro no meio da linha do gol, com um raio de 14,63 m.

91,4 m

Linha de centro
O movimento de começo do jogo é feito da marca de meio do campo, marcada nessa linha central.

Linha dos 23 m
Elas são duas, localizadas a 23 m da linha do fundo (o campo era originalmente medido em jardas).

HÓQUEI INDOOR
Uma variação do hóquei de grama, ele foi criado nos anos 1950 como forma de jogar esse esporte mesmo em climas frios. O hóquei indoor é disputado em um ginásio com um campo pequeno (44 m x 22 m) em jogos de seis atletas. A maior parte dos elementos é semelhante aos do hóquei de grama, mas a bola é somente empurrada e não batida, e precisa ficar no chão, com exceção de jogadas ao gol. Longas tábuas são colocadas na lateral do campo evitando que a bola saia pela lateral – fazendo com que o jogo seja mais rápido do que o de campo.

TÁTICA DO FUTEBOL, COM MECÂNICA PRÓPRIA

A técnica individual, o manejo do equipamento – taco *(stick)* e bola – e a mecânica de movimentos têm, no hóquei sobre a grama, uma ligação estreita com a preparação tática e a estratégia de jogo. Os sistemas táticos são relativamente simples e bastante semelhantes aos do futebol de campo (os mais utilizados são 4-3-3, 4-4-2 e 3-3-4), bem como as posições ocupadas pelos jogadores. Exceto pelos privilégios especiais que tem o goleiro, como o fato de poder tocar a bola com os pés dentro da área, as funções herdaram inclusive a terminologia inglesa do futebol: o zagueiro central é o *full-back*, os zagueiros laterais são os *half-backs*, o defensor mais adiantado é o *stopper* e em certos sistemas de jogo há a presença do líbero. No meio de campo, os armadores normalmente são chamados de *insides* e, pela ponta, estão os *wings*, ou alas, que podem se transformar em laterais com dupla função (defesa e ataque) se o esquema utilizar um líbero. Os atacantes ainda recebem a denominação tradicional de *center forward*, o centroavante.

O princípio técnico elementar do hóquei na grama é saber aproveitar o fato de a bola andar muito mais rápido do que em outras modalidades, ou seja, ao jogador é importante ter velocidade de deslocamento e de condução, mas o principal é fazer a bola circular com rapidez para surpreender a marcação adversária. Daí a importância de que sejam dominados plenamente os cinco fundamentos:

REGRAS

Empunhadura – as maneiras de segurar o taco vão definir a posição de passe, de recepção, de tiro e de condução, estabelecendo padrões de eficiência nos gestos e economia de movimentos, gerando um gasto mais racional de energia tanto para a defesa quanto para o ataque.

Condução – é técnica em estado puro e pressupõe o domínio da bola o mais próximo possível do taco, o que depende da empunhadura e da posição do corpo no momento do passe ou da conclusão ao gol.

Passes – formam a essência do jogo em equipe, tornam os sistemas eficazes e também dependem das habilidades individuais quanto às formas de empunhadura e de se bater e conduzir a bola.

Recepções – estão diretamente ligadas à eficiência nos passes e podem significar a diferença entre uma jogada comum, de trâmite, e uma atitude mais agressiva no ataque ou em um contra-ataque.

Destreza – é o conjunto de habilidades individuais que inclui o drible com a posse de bola e a finta em velocidade, geralmente utilizando quebra de ritmo para que o adversário seja ludibriado.

SISTEMA DE DISPUTA E REGRAS

A coordenação dos movimentos corporais é o que faz a diferença técnica no Hóquei sobre a Grama, um esporte com uma biomecânica absolutamente original. O alinhamento correto dos pés de acordo com a jogada, a transferência eficaz de força para o taco, a posição do corpo no momento de passe de toque, a mecânica de chute e de bloqueio são variantes individuais trabalhadas, corrigidas e aperfeiçoadas em inúmeras sessões de treinamento. Em outra frente, o conhecimento teórico do jogo exerce papel definitivo na evolução técnica, bem como os fatores clássicos que têm peso específico em praticamente todas as modalidades, como os aspectos nutricionais, administração dos descansos, apelos motivacionais e ações psicológicas para trabalhar sob pressão.

PARTIDAS, CAMPO E DIMENSÕES

- As partidas de hóquei são divididas em dois tempos de 35 minutos e disputadas por duas equipes com 11 jogadores. Vence o time que marcar o maior número de gols.
- O hóquei é um jogo disputado em um campo usualmente de grama sintética, de 91,40 m de comprimento por 55 m de largura, em dois tempos de 35 minutos. Os jogadores utilizam um taco, que pode ser de madeira ou composto de carbono e fibras de vidro, que pesa entre 350 g e 700 g e que não pode ultrapassar 5 cm de largura. A bola, envolta de PVC de alta densidade, pesa cerca de 160 g e tem diâmetro de 7,5 cm.
- As traves dos gols medem 3,66 m de largura por 2,10 m de altura. As áreas em torno das traves são demarcadas por um semicírculo que tem 14,63 m de distância máxima da linha de fundo. O gol só é válido se marcado de dentro dessa área, denominada área de chute. Os jogadores não podem levantar o taco acima dos ombros nem mover a bola com as mãos ou os pés.

O uniforme elementar para a prática de hóquei sobre a grama é composto de camiseta, calção e calçado esportivo. O goleiro necessita de equipamentos especiais. Além de proteções genitais, no tórax, nas coxas e nos braços, é obrigado a utilizar um capacete de fibra de carbono com grades de ferro à frente, para garantir sua segurança contra eventuais golpes e boladas.

INFRAÇÕES E CONDUÇÃO DE BOLA

- As faltas são punidas com tiros livres do lugar onde foram cometidas. Assim como no futebol, faltas cometidas dentro da área são punidas com pênalti: tiro livre do qual só participam o cobrador e o goleiro da equipe adversária.
- Proteger a bola com o corpo só é válido quando o jogador realiza o ato de condução da bola, ou seja, quando tem a posse efetiva e está colocando a bola em movimento. Desta forma, todos os atletas têm a mesma chance de ter o controle da bola, quando há um drible ou um passe.
- Os jogadores também não podem tocar a bola com nenhuma parte do corpo (exceto o goleiro, que tem a permissão de tocar a bola com mãos e pernas). Não é permitido usar o taco de maneira perigosa e lançar a bola na direção de outro jogador.

CÓRNER

- Quando é marcada uma infração, o time que sofreu a falta tem direito a um tiro livre do local onde esta foi marcada. No entanto, se a falta acontecer dentro da área de chute, sendo não intencional, ou se tratar-se de uma falta intencional da defesa, atrás de sua linha de 23 m, é marcado um córner curto.
- O córner curto é um tiro livre do ataque, batido da linha de fundo a uma distância de 9 m da trave. Todos os atacantes devem estar fora da área de chute. Só cinco defensores podem ficar atrás da linha de fundo; os outros têm de permanecer atrás da linha do meio de campo. A vantagem é toda do ataque, que precisa parar a bola antes de lançá-la ao gol. Para tal, realiza-se uma série de jogadas previamente ensaiadas para iludir os defensores.

COMPETIÇÃO

Nos Jogos Olímpicos, 12 seleções são divididas em dois grupos de seis, sendo que os quatro primeiros colocados passam para a fase de quartas de final, disputada em jogos eliminatórios. Na primeira fase, se houver empate, cada seleção ganha um ponto. Na semifinal e na final, em caso de igualdade no placar, é disputada uma prorrogação, com utilização do gol de ouro, seguida por pênaltis se o empate persistir.

GLOSSÁRIO

Área de chute	É o semicírculo onde fica o goleiro, único local de onde os jogadores podem marcar um gol.
Backstick	Jogada em que o atleta toca a bola com a parte curva do taco. Não é permitida infração.
Bully	Reinício de partida com dois jogadores frente a frente.
Cartão amarelo	Suspende o jogador durante cinco minutos.
Cartão verde	Serve como advertência – suspende o jogador por 2 minutos.
Cartão vermelho	Utilizado para expulsar o jogador.
Córner curto	A cobrança de penalidade que consiste na rolada de bola da linha de fundo onde está um atacante. Para receber o passe, os companheiros são obrigados a esperar do lado de fora da área. Já os defensores têm de ficar atrás da linha de fundo e só podem ir em direção à bola depois que ela for movimentada.
Long corner	É o nome dado à cobrança de córner normal.
Flick	É o mesmo princípio do *push*, só que esta expressão é utilizada quando a bola sai do chão. Lançamento aéreo.
Hit	O ato de bater na bola.
Hook	É a parte curva do taco.
Midi	Taco médio.
Obstrução	É a infração mais comum e ocorre quando um jogador impede, com o corpo, a progressão de um adversário que tem a bola dominada.
Push	Quando o jogador empurra a bola, ao invés de bater.
Scoop	O mesmo que *flick*, porém mais curto em distância.
Shorty	Taco curto.
Stick	Taco utilizado para controlar a bola. Pode ter vários pesos e comprimentos, dependendo do gosto do jogador.
Stroke	Pênalti.
Tackle	Tentativa de roubar a bola do adversário.

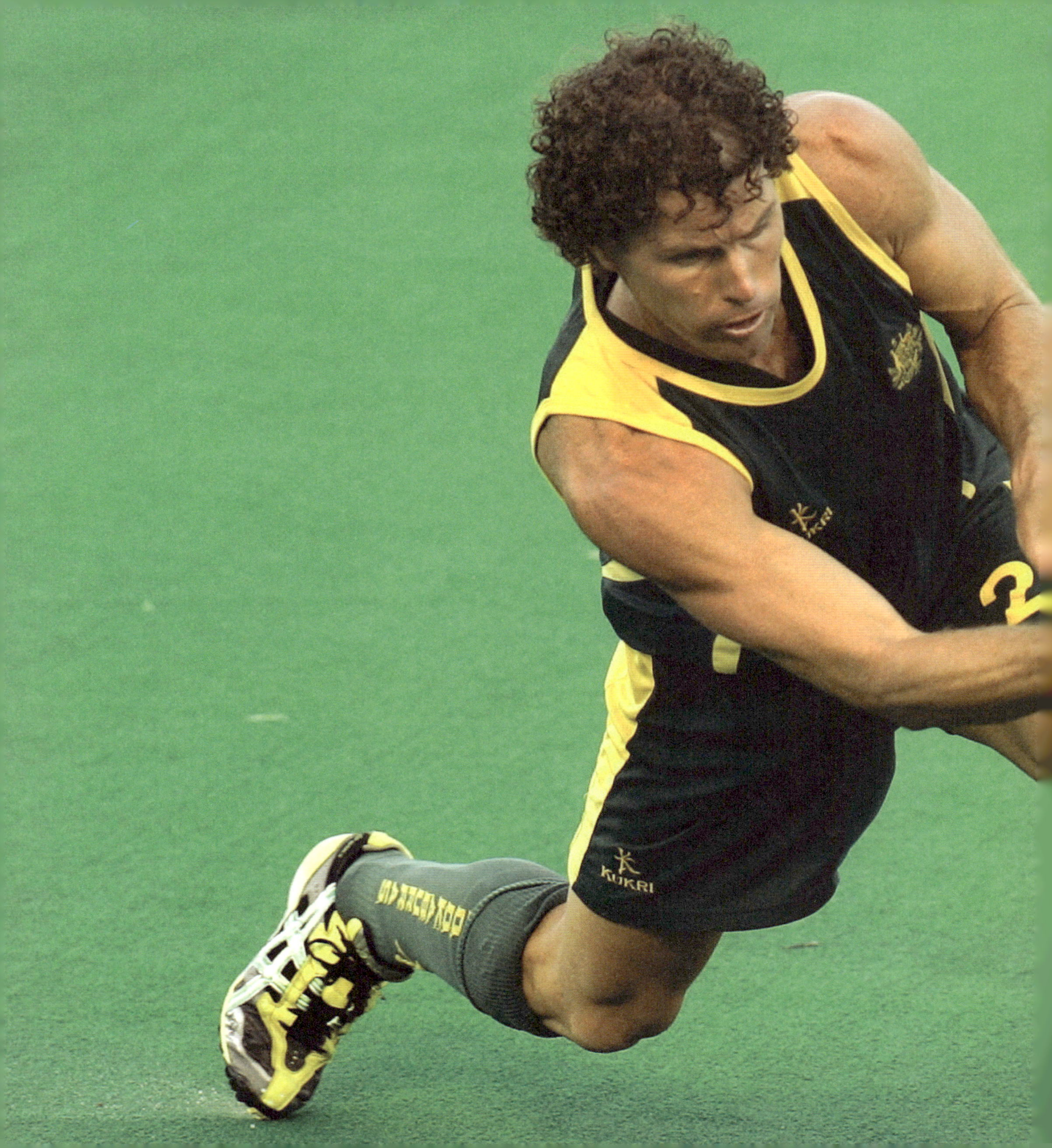
KUKRI
KUKRI

MEDALHAS OLÍMPICAS

PAÍS		🥇	🥈	🥉	
1º	Índia	8	1	2	11
2º	Países Baixos	5	5	6	16
3º	Austrália	4	3	5	12
4º	Alemanha	4	2	2	8
5º	Paquistão	3	3	2	8
6º	Grã-Bretanha	3	2	6	11
7º	Espanha	1	3	1	5
8º	Alemanha Ocidental	1	3	0	4
9º	Nova Zelândia	1	0	0	1
10º	Zimbabwe	1	0	0	1
11º	Coreia do Sul	0	0	3	3
12º	Argentina	0	2	2	4
13º	Tchecoslováquia	0	1	0	1
14º	China	0	1	0	1
15º	Dinamarca	0	1	0	1
16º	Japão	0	1	0	1
17º	Estados Unidos	0	0	2	2
18º	União Soviética	0	0	2	2
19º	Bélgica	0	0	0	1
20º	Equipe Alemã Unida	0	0	0	1
TOTAL		**31**	**31**	**32**	**94**

No pódio Somadas as conquistas de homens e mulheres, a Austrália de Brent Livermore ocupa o terceiro lugar na soma de medalhas olímpicas

Na areia O japonês Masashi Kimura ignora a marcação indonésia e lança a bola ao gol em partida dos Jogos Asiáticos de Praia disputados em 2008

ALMANAQUE

- Criado na Itália, em 1993, o **handebol de areia**, como é chamado no Brasil, teve rápida expansão em nosso país, que vem mostrando, ao longo dessas duas décadas, superioridade nas principais competições internacionais. Disputado com equipes de quatro jogadores (incluindo o goleiro), o jogo tem regras semelhantes às do handebol de quadra, sendo que as partidas são disputadas em dois sets de dez minutos em um espaço com dimensões de 27 m x 12 m. Se cada time ganhar um set, a disputa vai para os pênaltis e o vitorioso fica com o resultado de 2 a 1. O Campeonato Mundial começou a ser disputado em 2004, é realizado a cada dois anos e o Brasil já conquistou dois títulos no masculino (2006 e 2010) e um no feminino, em 2006. As competições têm revelado como vencedores ou protagonistas países inusitados em se tratando de uma disputa na praia. A Croácia, por exemplo, foi campeã mundial em 2008 tanto no torneio masculino quanto no feminino da competição disputada em Cádiz, na Espanha. E, entre as mulheres, Rússia, Dinamarca e Noruega têm apresentado equipes tecnicamente muito fortes. No quadro geral de medalhas, o líder ainda é o Brasil (três de ouro, uma de prata e duas de bronze), seguido por Croácia e Rússia.

- **A versão infantil do handebol** tornou-se bastante difundida nos meios escolares de várias partes do mundo, no Brasil inclusive, como proposta didática introdutória à prática da modalidade já na versão para jovens e adultos. Os jogos são disputados em quatro tempos de dez minutos (quatro quartos), sendo que há um intervalo maior entre os dois primeiros quartos. As equipes têm cinco jogadores de cada lado, incluindo o goleiro, e devem ser modificadas a cada tempo, permitindo a participação de todas as crianças. As quadras são bem menores, normalmente de 20 m x 12 m; as metas também são reduzidas, com altura máxima entre 1,6 m e 1,8 m, de acordo com a faixa etária das crianças. A área tem uma distância de cinco metros a partir da linha de fundo e o tiro de pênalti deve ser realizado a uma distância seis metros.

- O **hóquei indoor** é uma criação alemã, da década de 1950, rapidamente adotada pelos países do Norte da Europa, cujo inverno impedia temporadas mais longas do hóquei sobre a grama. Foi adotado oficialmente pela FIH (Federação Internacional de Hóquei sobre a Grama) em 1972, sendo que em alguns países os torneios são disputados durante todo o ano. A medida das quadras é menor (no máximo, 22 m x 44 m) do que a utilizada ao ar livre e há semelhanças com o handebol quanto ao tempo de duração do jogo (duas etapas de 20 minutos) e a inexistência dos escanteios. O número de jogadores cai para seis de cada lado (goleiro mais cinco). Além disso, não há saída de bola pela lateral, uma vez que são utilizadas tabelas para tornar o jogo mais dinâmico. No ato do lançamento, ou tiro, não é permitido que o *stick* seja levantado acima da cintura para a preparação do movimento.

- **Dupla internacional:** Além dos craques que o Brasil tem exportado nos últimos anos – avanço técnico que culminou com a escolha da paulista Alexandra Nascimento como a melhor jogadora do mundo em 2012 –, o Handebol do país atingiu um estágio de prestígio que traz recompensas também a seus principais árbitros. Rogério Aparecido Pinto e Nilson Menezes, árbitros de São Paulo, cumpriram no início de 2013, na Espanha, seu sexto Campeonato Mundial, pela quarta vez seguida no Adulto Masculino, depois de suas participações na Alemanha (2007), na Croácia (2009) e na Suécia (2011). A dupla esteve em ação também no Mundial Feminino do Brasil, em 2011, no Mundial Juvenil Masculino do Catar, em 2005, e em duas edições dos Jogos Pan-Americanos, Rio/2007 e Guadalajara/2011.

- As variações mais populares do hóquei são as competições **sobre o gelo e sobre patins**. A modalidade no gelo é uma criação canadense do século XIX, com rápida aceitação nos Estados Unidos, nos países escandinavos e na Europa do Norte em geral, incluindo a Rússia. Jogo agressivo, disputado em altíssima velocidade, tem características de contato bastante distintas da modalidade de campo, o que exige regulamentação mais rígida e diferenças no equipamento (tacos, uniformes, material de proteção e o disco, chamado *puck*) quanto a formato, peso e volume. Foi incluído pela primeira vez nos Jogos Olímpicos de Inverno em 1924 e tem como principais vencedores o próprio Canadá e a antiga União Soviética. A competição olímpica feminina foi disputada pela primeira vez nos Jogos de Nagano, em 1988. O Campeonato Mundial é disputado todos os anos e o mais prestigiado torneio de clubes é a Stanley Cup – a National Hockey League americana. As regras do hóquei no gelo têm muita semelhança com o hóquei sobre patins, disputado em piso liso (madeira ou cimento), indoor, sendo que as duas modalidades têm federações próprias no âmbito internacional, totalmente desvinculadas da FIH (Federação Internacional de Hóquei sobre a Grama).

Hóquei no gelo
Zach Budish, dos Minnesota Gophers, leva a bola em um jogo contra o Notre Dame Irlandês, em Minnesota

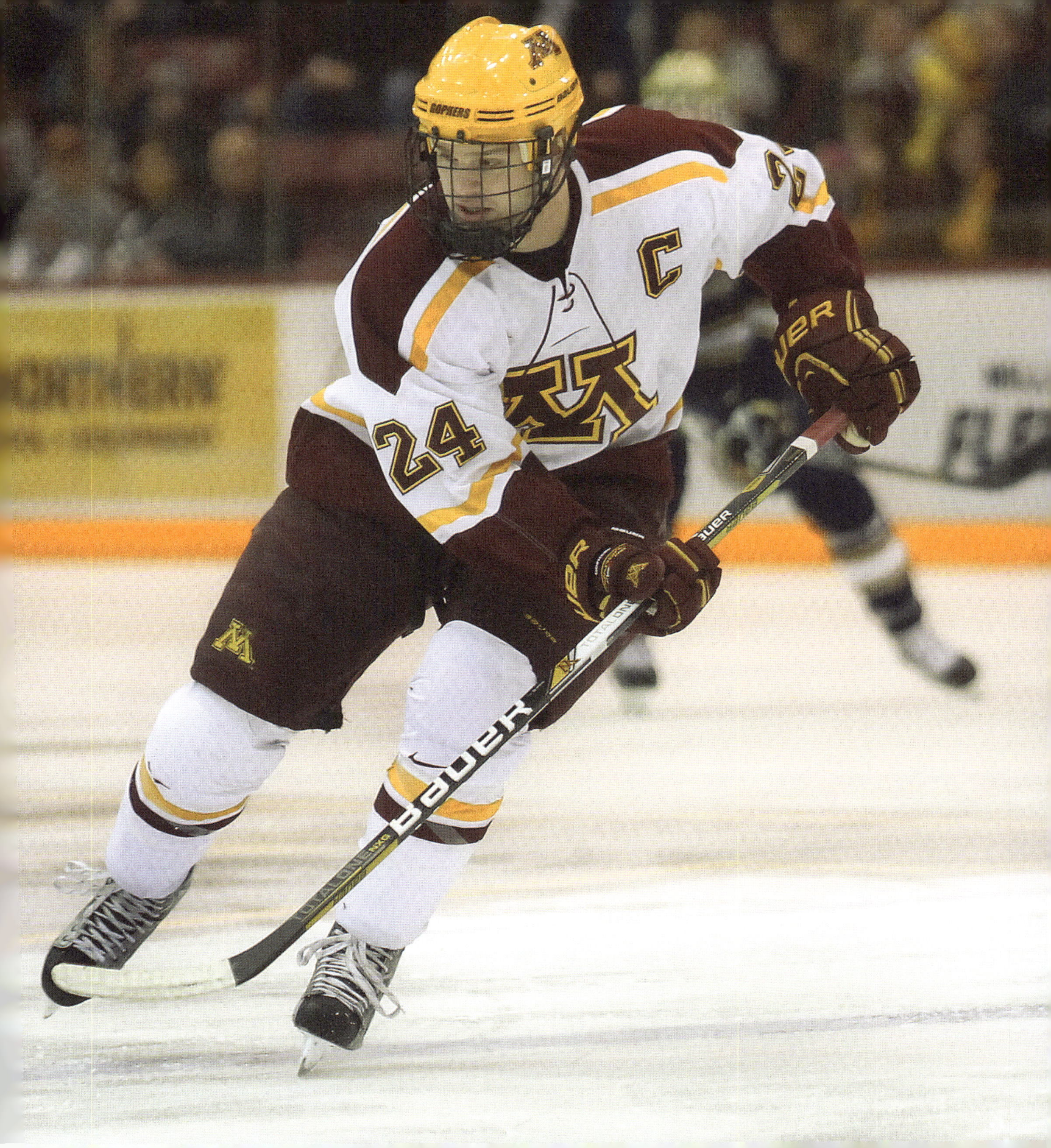
GOPHERS
C
24
BAUER
TOTALONE

Bibliografia e Referências

ADELSON, Bruce. *Field Hockey*. Londres, Chelsea House Trade. 2000.
ALMEIDA, Alexandre e DECHECHI, Clodoaldo José. *Handebol – Conceitos e Aplicações*. São Paulo, Manole. 2011.
CARDOSO, Maurício. *Os arquivos das Olimpíadas*. São Paulo, Panda Books. 2000.
COLLI, Eduardo. *Universo Olímpico: Uma Enciclopédia das Olimpíadas*. São Paulo, Códex. 2004.
DEL PRIORE, Mary e MELO, Victor Andrade (organizadores). *História do Esporte no Brasil*. São Paulo, Unesp. 2009.
FRANCO. G. S. *Psicologia no Esporte e na Atividade Física*. São Paulo, Manole. 2000.
GARCIA, J. L. Anton. *Balonmano – Perfeccionamiento e Investigación*. Madrid, Inde. 2000.
MARQUES, M. G. *Psicologia do Esporte: Aspectos em que os Atletas Acreditam*. Canoas, Ulbra, 2003.
McELLIGOTT, Tom. *The Story of Handball*. Interlinks Books, Northampton. 1997.
RÚBIO, Katia. *Psicologia do Esporte: Interfaces, Pesquisa e Intervenções*. Casa do Psicólogo, São Paulo. 2000.
TENROLER, Carlos. *Handebol – Teoria e Prática*. Rio de Janeiro, Sprint. 2004.
VIEIRA, Silvia & FREITAS, Armando. *O que é Beisebol, Softbol e Hóquei sobre Grama*. Rio de Janeiro, Casa da Palavra/COB. 2007.
VIEIRA, Silvia & FREITAS, Armando. *O que é Handebol*. Rio de Janeiro, Casa da Palavra/COB. 2007.

Portais na Internet

Agência Estado (www.agestado.com.br)
Atlas do Esporte no Brasil (http://www.atlasesportebrasil.org.br)
BBC (http://www.bbc.co.uk)
Ciencia y Deporte (http://www.cienciaydeporte.net)
Comitê Olímpico Brasileiro (http://www.cob.org.br)
Comitê Olímpico Internacional (http://www.olympic.org)
Confederação Brasileira de Handebol (http://www.brasilhandebol.com.br)
Confederação Brasileira de Hóquei sobre a Grama e Indoor (http://www.hoqueisobregrama.com.br)
Educación Física y Deportes (http://www.efdeportes.com)
Federação Internacional de Handebol (http://www.ihf.info)
Federação Internacional Hóquei (http://www.fih.ch/en/home)
Federação Paulista de Handebol (http://www.fphand.com.br)
Hóquei Brasil (http://hoqueibrasil.wordpress.com)
L'Équipe (http://www.lequipe.fr)
El País (http://elpais.com)
UOL (www.uol.com.br)

Crédito das fotos

Todas as demais imagens deste livro são GettyImages/Brasil

CRIAÇÃO E PRODUÇÃO
RMC EDITORA LTDA.
DIRETOR ROBERTO MUYLAERT
DIRETORA MARÍLIA MUYLAERT
COORDENAÇÃO ROBERTO BENEVIDES
TEXTO JOSÉ EDUARDO DE CARVALHO
ARTE PAULA SPERANDIO E RODNEY MONTI
PESQUISA FOTOGRÁFICA DINHO LEITE
INFOGRÁFICOS LUIZ FERNANDO MARTINI
REVISÃO MARIA A. MEDEIROS
ADMINISTRAÇÃO CÉSAR LUIZ PEREIRA
E DANIELA CRISTINA SIERRA DE PAULA
SECRETARIA ROSANA MANDUCA

FONTE: UNIVERS
PAPEL: ALTA ALVURA 120 G/M
IMPRESSÃO: EGB
TIRAGEM: 2.000